武术训练理论与教学实践研究

陈俊华◎著

文化发展出版社
Cultural Development Press
·北京·

图书在版编目（CIP）数据

武术训练理论与教学实践研究 / 陈俊华著. -- 北京 ：文化发展出版社，2024. 8. -- ISBN 978-7-5142-4441-0

Ⅰ. G852.02

中国国家版本馆 CIP 数据核字第 2024LK6762 号

武术训练理论与教学实践研究

陈俊华　著

出 版 人：宋　娜

责任编辑：孙　烨　　　　责任校对：侯　娜

责任印制：杨　骏　　　　封面设计：守正文化

出版发行：文化发展出版社（北京市翠微路 2 号　邮编：100036）

网　　址：www.wenhuafazhan.com

经　　销：全国新华书店

印　　刷：天津和萱印刷有限公司

开　　本：710mm × 1000mm　1/16

字　　数：210 千字

印　　张：10.5

版　　次：2025 年 1 月第 1 版

印　　次：2025 年 1 月第 1 次印刷

定　　价：72.00 元

I S B N：978-7-5142-4441-0

前　言

自中华人民共和国成立后，中国武术历经了多个发展时期，在各个历史时期都展现出独特的发展模式，这些都是在国家整体发展策略的推动下逐渐形成的。改革开放后，随着经济的快速发展及人民生活水平的提高，人们的健康养生意识逐渐增强，武术作为一种古老而又时尚的体育项目受到越来越多的人关注。随着时代的进步，武术凭借悠久的历史和深厚的文化底蕴，展现出丰富的文化意义和多种价值观念。从本质上说，武术是一种社会意识形态现象，它既包含着民族精神，也蕴含着时代精神，同时还蕴含着深厚的文化底蕴。本书围绕武术训练理论与教学实践展开论述。

在制订武术的发展计划时，需要有明确的方向和突出的重点。首先，要重视青少年的成长需求，努力打造一个将国家的进步与青少年的健康发展紧密结合的机制，积极融入世界体育文化主流体系中。其次，需要明确武术发展的核心方向，并坚持“以人为本”的发展哲学，将全民的健康提升视为武术事业的中心任务。再次，现阶段，中国的经济发展已步入新常态，因此，武术事业的价值目标必须清晰地服务于国家的经济增长和文化的繁荣进步，同时要注重发挥武术自身特有的功能优势，增强武术文化的传播力和影响力。最后，需要扩大武术的价值范围，重视其在文化娱乐、健身休闲、情操陶冶，以及民族精神培养和推广方面的价值和作用。武术应被视为一种弘扬爱国主义教育、促进社会和谐、加强国家认同和民族团结的有效手段，并应构建一个以社会主义思想为导向，以民族精神和爱国主义为核心价值观的武术文化价值体系。

本书第一章为武术简述，分别介绍了武术的产生与演变、武术的内容与类别、武术的社会价值三个方面的内容；第二章为武术训练基础，主要介绍了三个方面的内容，依次是武术的基本功、武术的基本动作、武术的基本技法；第三章为武术教学理论，分别介绍了五个方面的内容，依次是武术的教学目标，武术的教学准则，武术的教学特征，武术的教学方法，武术的教学内容、阶段与环节；第四章为武术套路教学，依次介绍了武术套路教学的特征、武术套路教学的流程与方式、长拳和南拳、太极 24 式、刀术和枪术、剑术和棍术六个方面的内容；第五章为武术搏斗教学，主要介绍了三个方面的内容，分别是散打教学、推手教学、短兵教学。

在撰写本书的过程中，作者参考了大量的学术文献，得到了许多专家学者的帮助，在此表示真诚感谢。本书内容系统全面，论述条理清晰、深入浅出，但由于作者水平有限，书中难免有疏漏之处，希望广大同行及时指正。

陈俊华

2023 年 10 月

目录

第一章 武术简述

中国武术有着悠久的历史传统和广泛的群众基础，是中国人民在生产劳动、狩猎、战争及与自然斗争的过程中，逐步积累、发展、完善起来的。它是以技击动作为主要内容，以套路和搏斗为主要运动形式，注重内外兼修，讲求仁义忠信，集健身、防身、养生和娱乐于一体，具有中华民族文化特色的民族传统体育项目。

第一节 武术的产生与演变

一、武术形成的根源

（一）原始人武术技能的产生

武术起源于原始社会时期。原始人在长期的采集、狩猎及搏斗实践中，逐渐创造和掌握了各种有利于生存、生活和生产等方面的技能，克服了自然界及其他方面给人们带来的灾难，创造了许多原始的生产劳动工具和狩猎搏斗器具，如原始人制造的石器、骨器和复合器等生产劳动工具，许多生产劳动工具用于狩猎搏斗便成了武器。人们要发挥这些工具或武器的作用，就必须学会和掌握这些工具或武器的特点和使用方法。当然，原始人的生产劳动和狩猎搏斗的技能，还不能完全被称为武术活动，但是，这种狩猎搏斗技能却是武术产生的重要因素之一。

原始社会人们的生产力水平极为低下，人类为了生存与生活，就必须同自然界做艰苦的斗争。古书资料记载，原始社会人类数量很少，猛兽极多，自然环境十分恶劣，在那样的环境里生存，人类只有依靠群体的力量，捕捉野兽、采集野生植物充饥。在采集和狩猎的劳动过程中，人类逐渐创造了徒手采摘食物和追捕野兽的各种方法，掌握了使用各种天然工具的技巧与技能。随着社会的不断发展与进步，用于生产劳动和狩猎的工具也在不断地改进与创新。原始人在其追捕野兽过程中使用的砸、劈、砍、刺等方法上，积累了丰富的实践经验，逐步形成了各种搏斗的姿势和方法，并把这些搏斗技能与经验进行广泛交流，代代相传。在漫长的社会发展过程中，人们对这些用于生存的搏斗技击术与方法不断地改进、完善和发展，为武术技术的逐步形成奠定了基础。

（二）原始战争推动武术的发展

原始人制造的石器、骨器和复合器等生产劳动工具十分简陋，而这些工具主要用于采集和狩猎。但到了原始社会后期，随着生产力水平的不断提高和私有制的萌发，氏族部落之间常常为了争夺有利的自然生活环境，掠夺对方食物、财产和领地等，从而引发争斗。后来逐渐发展成为有组织、有目的的规模较大的部落战争。在战争中使用的生产劳动或狩猎工具，就逐渐转化为搏斗的主要武器，一个狩猎者也就变成一个战斗者，战争中所使用的武力则成为掠夺财富的一种主要手段。在战争中所使用的武器，随着作战需要而不断地改进和发展，人们对在战场上的搏斗技击术也不断地总结、交流与发展。最终，狩猎工具逐渐转化为人们用于互相厮杀的武器，在生产劳动、狩猎技能的基础上，又逐渐衍生出用于战争搏斗的技能。于是，用于战争的武术搏斗技击术的雏形就开始逐步地形成了。

在原始社会末期，氏族或部落之间的战争越来越频繁、激烈、残酷，在搏斗中有时一人要对付两人或更多人的攻击；一旦武器脱手，就要赤手空拳对付持械者。随着原始战争的发展及战争的逐渐残酷，人们开始注重制造更具杀伤力的武器，掌握徒手与持械的攻防格斗技能，不断地总结搏斗经验，对在搏斗实践中被人们认为行之有效的搏斗技术进行反复模仿、习练和传授。这就是早期的有组织、有目的的武术搏斗操练活动。

（三）原始战争推动武术器械的发展

中国人类遗址的大量考古资料证明，随着人类社会的发展和原始战争的需要，人们使用的工具由天然工具逐步发展到人造工具，生产工具的制造也由粗糙简陋、种类少逐渐发展到加工精细、结构复杂、种类多，这是一个漫长的发展过程。到北京人时代，北京人已经能根据不同的原材料，使用不同的制作方法，制造出各种类型的器具，其形状大小不一，如直锋刃、凸凹锋刃、多边锋刃和盘形等。这些刮、削、砍、砸、刺等器具的加工逐渐精致起来。从旧石器中期开始，人们开始利用动物的骨头制造工具，并研制出多种形状的复合器具，如将骨制尖状器装置在长木棍上做成投枪、长矛和叉状器具等，用这种复合器具，既能刺击远距离的猛兽，又能捕杀近距离的禽兽。在旧石器时代晚期，原始人在制造复合武器方面，出现了一个大的创造，那就是弓箭的发明与使用。当时，人们选用弹性较好的木杆，制成弯弓，用质地较硬的木杆削成箭。这些复合器具的制造，既用于狩猎，也用于战争。

在新石器时代，人们通过打制、磨制等不同工序制成了多种锐利器具，如石刀、石匕首、石矛、石斧、石铲、骨刀、骨矛、骨叉等。这些复合器具的制造，充分反映了在中国新石器时代，人类对生产、狩猎器具的性能与使用方法已有了明确的认识，而且使用方法和技能也得到了提高。随着生产力的发展，器具制造技术不断改进与创新，各种类型器具的用途也日趋明显，武术器械技击术中的砍、刺、劈、戳、削、挑等方法，就是在这个基础上逐渐产生和发展起来的。

二、古代武术的发展

（一）商周时期

商周时期的考古资料记载，当时用于战争的兵种主要有步兵和车兵两种，以车战为主要作战形式，后来发展为骑马作战。车战与马战的出现，促进了长兵器和弓箭的发展。在运用兵车作战时有着严格的操作规程：当双方之间的距离比较远时，使用弓箭对射；当双方之间的距离逼近时，开始用矛、戈、戟等长兵器进行格斗刺杀；当马仰车翻奔车近距离拼搏鏖战时，则多使用短兵器，如刀、剑、匕首等。

在商代，青铜器的铸造技术已经达到了一定的水平，当时生产出的大量的青铜武器，主要用于战争。青铜器具的普遍使用，使作战使用的武器变得更加轻便、锋利和坚固。统治者为了提高将士的搏斗力水平，开始有组织、有目的地开展搏斗形式的训练与比赛。《礼记·王制》记载："凡执技论力，适四方，裸股肱，决射御。"[①] 这种训练与比赛形式的出现，不仅是在军队中提倡习练拳械的措施之一，也引导着广大民众习练拳械以自保。这种搏斗对抗的形式，对推动搏斗技击术的发展起到了重要作用。

周朝统治者是文武兼用来加强其统治的，把射箭、御、角力（摔跤）列为学校教育内容之一，习武开始成为人们有目的、有意识、有组织的社会活动。西周初期，周成王封伯禽为鲁公，并嘱咐他："尔知为人上之道乎？……夫有文无武，无以威下。有武无文，民畏不亲。文武俱行，威德乃成。"[②] 意思是说，你知道如

① 江仁虎，陈上越．高等院校体育与健康[M]．厦门：厦门大学出版社，2009.

② 杨永惠，等．武术普修读本[M]．北京：人民体育出版社，2000.

何做一个好的国君吗？只顾文事，不掌握武力，就无法维持权威。若只知用武力镇压，而忽视文教，老百姓便会由于畏惧而疏远君主，社稷也难保。只有文武兼备，才能维护统治。当时在一年之中，基本上是三时（季）务农，一时讲武。每年冬季周天子就命令将士学习技击术，练习射箭、驾驶战车，进行角力较量等。以上记载表明，此时"武"字的使用比较普遍，提倡武力在西周时期已被列为国策。

舞蹈与武术在原始文化形态中有一定的联系，舞蹈是从技击术中提炼创作的一个表演艺术体系，商周时期二者在发展中开始分化，但舞蹈在艺术性方面尚未能充分发展，其实用性仍居于十分重要的地位，因此，武术与舞蹈在当时的环境下是难以完全分开的。这个时期的武术与舞蹈，既有娱乐性、健身性，又有实用性，而舞蹈的组合动作与武术的套路动作更有许多相似之处。手执器械的舞蹈，不仅能健身，还可用于征战，这充分肯定了舞蹈的实战性意义。《史记》记载，孔子对舞蹈做了比较详尽的解释，他指出舞者手执器械、表情愤慨，表现了周武王伐纣的军容威仪。从孔子的解释看，舞蹈的内容包含了许多技击术，而且这些技击术有一定的实战价值。

商周时期的奴隶主贵族极为重视培养其子弟，希望他们能成为精通武技的勇士。周代的"六艺"教育包括"礼、乐、射、御、书、数"，其中"射""御"均有着丰富的武勇教育内容，是车战时最重要的军事技能。"乐"中包含着各种"舞蹈"动作，更是兼有技击术的内容。"礼"为"六艺"之首，这充分说明在商周时期人们已开始重视礼仪道德的教育和培养，这对武术的发展和武德教育的倡导起到了积极的作用。

（二）春秋战国时期

春秋战国时期，是奴隶制开始向封建制过渡的时期。统治者既重视武术的技击性，也重视武术的健身性，此时的武术多以"技击"字样出现在古籍中。春秋后期出现了铁剑，剑术的发展尤为突出，许多帝王将相、侠客游士均以佩剑为威武和光荣的象征，当时佩剑已成为人们尚武的重要标志之一。在这种历史环境条件的影响下，许多剑客、剑侠和剑术技击家涌现，他们从搏斗技击中积累了丰富的剑术理论知识和技法。

儒家学派的创始人孔子，出身于武术世家，文武兼备，这些在先秦古籍中多有记载。孔子培养弟子的理想目标是"成人"，必须具备"知""仁""勇""艺"，他指出"有文事者，必有武备；有武事者，必有文备"[1]。孔子的学生子路就精于

① 薛恨生．孔子家语[M]．上海：上海新文化书社，1933．

剑术，是一位英勇善战的武士。《孔子家语》记载："子路戎服见孔子，拔剑而舞之，曰：'古之君子，以剑自卫乎？'"①这充分表现出子路具有的一种英武雄姿。孔子的另外一个弟子冉求，是一位文武兼能的将领。这些记载均表明孔子重视对学生进行军事武艺的教授。

武术从贵族阶层中逐步走向民间，这在《吴越春秋》中就有记载。有一民间女子（越女）在回答越王问其关于剑术技击之道时说："其道甚微而易，其意甚幽而深。道有门户，亦有阴阳。开门闭户，阴衰阳兴。凡手战之道，内实精神，外示安仪，见之似好妇，夺之似惧虎。布形候气，与神俱往。杳之若日，偏如腾兔。追形逐影，光若彿彷。呼吸往来，不及法禁。纵横逆顺，直复不闻。斯道者，一人当百，百人当万。"②越女这段精辟的论述，深入浅出地点明了剑术技击之要。门户、阴阳，即舞剑时的进退、纵横、攻防，以及对人体内外变化神态与姿势的要求，即全神贯注、从容不迫。从这段描述中不难看出，当时已有了较为丰富的剑术理论知识。春秋以后，历代著名的将领、击剑家，多以学剑于越为荣，以示自己的剑法已经达到一种精深的程度。

战国时期，中国已进入社会剧烈动荡的时代。战国与春秋相继，兼并战争连绵不断，而且战争的规模也越来越大。大规模的战争进一步助长了社会尚武的风气，军队与民间练拳习武活动得到了更加广泛的重视与发展。在战国时期，由于尚武之风的推动，出现了许多剑客、侠士，击剑练习也向着专门化的方向发展。在这种社会环境影响下，有些诸侯国已用法制手段，命令官吏佩剑习武。秦始皇正是由于佩剑，当荆轲近身行刺时，才能及时得以防卫免于被刺死。古籍史料的记载表明，战国时期的剑术极为普及，不仅官吏、将士佩剑，百姓也多带剑以做防身之用。由于剑的广泛使用与普及，击剑之风盛行一时。在斗剑的实践中，人们总结出比较成熟的战略战术。《庄子·杂篇·说剑》论述为剑之道时说："示之以虚，开之以利，后之以发，先之以至。"③这段文字讲述的就是击剑时诱敌深入、后发制人的战略战术理论。这些有关剑术技击的论述，不仅反映了当时成熟精辟的剑术理论，而且对于其他武技的发展有着深远的影响。

随着各诸侯国之间战事的频繁，此时期的作战阵容，已由车战逐渐转变为以步兵和骑兵作战为主，兵器的种类也随之不断增多，主要的兵器有戈、矛、弓、戟、钩、斧、刀等。武器的多样化，促进了武术向着多样化的方向发展。《史记》

① 薛恨生．孔子家语[M]．上海：上海新文化书社，1933.

② 石赟．国学常识一本通[M]．延吉：延边大学出版社，2011.

③ 陈鼓应．老庄新论（修订版）[M]．北京：商务印书馆，2008.

中记载了楚汉相争时期的历史事件，“鸿门宴”里面描述了“项庄舞剑，意在沛公”这一著名故事。从这个故事中可以看出，在那个时代，武术不再局限于具有攻击和防御的战斗技巧，而是逐步演变为一种可以独立进行练习的套路运动方式。

在春秋战国的历史背景下，武士在武技的竞赛中逐渐培养出一种公正的竞争观念，他们尊重强者，并认为武技的优劣决定了他们在社会中的地位高低。这种竞争观念不仅反映了华夏民族的道德观念，也是中国武术宝贵品质的体现。在《史记·太史公自序》中，司马迁明确表示，拥有高尚的道德品质是进行“传兵论剑”的关键①，这也深入地反映了中国武术文化中的伦理特质。以“武德”作为练武者的行为规范，对当今更好地继承与弘扬民族传统武术文化有着深远的现实意义。

（三）秦汉、三国时期

公元前221年，秦始皇灭六国后统一了中国，结束了800余年的分裂割据混战的局面。秦始皇为了巩固中央集权的专制统治，防止六国贵族的再起和人民的反抗，下令将民间散存的各式武器加以销毁。秦代虽然禁止民间操戈习武，限制和阻碍民间武术的发展，但是，秦始皇对军队的习武非常重视，他用法制手段加强其军队的武术训练。《秦律》记载，秦代有关军队武术训练的一些法规戒律比较严明。例如，经训练后的士兵，射箭不中目标、不会驾驭战车、骑兵课考试项目成绩低劣等，有关的人员和官吏都将受到惩罚。这种考核制度的建立，对当时军队武术的训练起到有效的督促作用。在秦代，手搏术有较大的发展，比赛时运动员着装统一，轮对相搏，较力斗巧，以致对方倒地为胜，对胜者给予奖励。

汉代手搏、击剑较为盛行，搏斗技术有了很大的发展，此时的武技统称为“武艺”。汉代施行“世兵制”，地方有经常训练的预备军，每年要举行一次大检阅，当时称为“都试”，以此考试形式作为选拔将士、提高将士战斗力的手段，这种考核制度对当时武术的发展起到了推动作用。

西汉时期，承春秋、战国之遗风，官吏皆佩剑。武士佩剑以搏斗，文士佩剑多用以防身自卫。但后来随着汉匈之战的进一步发展，骑兵在战场上的作用越来越突出，当时大量的骑兵纵横驰骋在战场上，主要靠挥臂抡刀毙伤敌人，这样一来，剑的刺击威力相对减弱，于是一种用于劈、砍的环柄刀取代了剑的军事地位，成为军队中主要的战斗武器。在山东沂南汉墓博物馆石墓墓门的横额上，刻着一幅战斗搏击图像，图像中的武士姿态威武，所使用的武器就是用于劈、砍的环柄

① 吴忠匡．史记太史公自序注说会纂[M]．哈尔滨：黑龙江人民出版社，1985．

刀，配合防御使用的是长方形的盾牌。黄巾起义沉重地打击了东汉王朝，使之土崩瓦解。魏、蜀、吴形成了三国鼎立的局面，分别占据北方、西南和东南部分地域。当时社会经济较前有了一定的恢复和发展，这种政治、军事和经济形势，直接推动了武术的发展。

魏国的奠基人曹操，是杰出的军事家和政治家，有很高的文化素养，精通兵法，著有《孙子略解》等兵法书籍。他法令严明，赏罚必信，故能令行禁止。他不仅文武双全，而且具有兼重文武的教育思想。他教育儿子曹丕，不仅要学文，而且要学武。曹丕幼年时开始学剑，并投过许多名师。这说明当时的击剑之风盛行，并且剑法已有许多流派。

蜀国杰出的政治家、军事家诸葛亮，著有《兵法二十四篇》。他励精图治、赏罚严明，在治军方面讲究精练能战，非常注重军队武艺的训练。他根据士兵的体能和武艺水平的高低等条件，编制军队的兵种，并有针对性地进行训练，当时练兵的主要内容有奔跑、跳跃、骑射和武艺（含各种兵器技击术）等。

吴国的开国皇帝孙权非常重视武备。他要求将士佩剑，提高警惕，重视武备。孙权本人训练有素，武艺高强，善于技击。

（四）两晋南北朝时期

两晋南北朝时期是中国历史上剧烈动荡的时代，也是民族大融合的时期。两晋兵制继承汉代，仍以“世兵制”为主，这种制度使军事技能包括武艺成为家传。世家大族和地方豪强坚持常年练兵习武，使武艺在民间得到广泛的推广与普及，对促进武艺的提高发挥了积极作用。南北朝时期，南、北双方曾有过武艺交流、切磋技艺的友好活动，这充分反映了双方对武艺习练的重视程度。由于战争频繁，尚武成为社会需要。两晋南北朝统治者非常重视佛教、道教文化，武艺与佛教、道教文化有着密切联系。少林寺建寺初期，僧人就有习武练功活动，后来发展成强大的护卫寺院的武僧武装力量。

中国武术的技术理论与道教的太极、八卦、五行等理论相一致，武术汲取了道家养生的思想理论和练习方法，具备了内外功修炼的文化体系，这也是武术有别于其他搏斗术的鲜明特征。

（五）隋唐时期

隋唐时期社会经济比较繁荣，为当时武艺活动的发展提供了物质条件。隋唐统治者兼重文治武功，实行府兵制。武则天当政时，于公元 702 年正式建立了武举制度，制定了武举的考核标准，用考试的办法选拔武技人才。武举制度对武术的发展，起到了一定的促进作用。

唐代习武已开始向着技击、健身和艺术等专门化的方向发展。唐代有不少文人兼重武技，练武目的多在于健身和防身，如李白、杜甫在青年时代也喜爱练武学剑，另外还有人将剑术与舞蹈结合形成剑舞等。

隋唐时期的徒手搏斗类活动十分盛行，如角力、手搏、相搏和相扑等。这些徒手搏斗技术的名称，应视为同一种活动在不同地区的不同称谓，像这些徒手搏斗类的活动不仅在宫廷、军队中盛行，在民间也有很大的发展。

（六）两宋时期

两宋时期战事频繁，统治者非常重视讲武练兵。此时武艺在一系列战争的推动下，活动范围不断扩大，组织程度、训练方法、理论著述等诸方面都有新的发展。宋代沿袭唐代的武举制度，并有计划、有步骤地面向全民，统一选拔武艺人才，然后集中到京城“武学”，统一学习武技和兵法，且具有统一的训练方法和严格的考试标准，学期结束后，根据学员考试成绩委任职务，有的被派遣到军中担任军官或武技教官，有的被分配到地方武艺组织任教头。武学的科目主要是军事武艺，有些武艺已形成熟练的套路和精绝的技法。

宋代武艺兵器种类繁多，其使用方法、理论著述也不断增多，这充分反映了宋代武艺实践经验的丰富，也说明了武艺理论水平有新的发展。同时，在激烈而频繁的军事斗争中，涌现出许多武艺高强的著名将领，如北宋抗辽名将杨业，南宋抗金名将岳飞，均为民族大业立下汗马功劳，为民间武艺的发展做出了贡献。

两宋时期民间乡社组织很多，广大民众结社习武以求自保，其中最著名的就是“弓箭社”。“弓箭社”是北方边境人民自发组织起来的一个武艺组织，有保卫家乡、抵御外侵的明确目的，组织健全，纪律严明，作战勇敢。另外，还有以练枪学棍为主的“英略社”，习练弓弩射箭为主的“锦标社”等。宋代打场演武遍布街头巷尾，民间百姓自相结合习练武艺，既务农又习武的乡社武艺组织十分普遍。乡社武艺组织的出现，进一步推动了民间武艺的发展。

（七）辽、金、西夏时期

中国古代，曾经建立过国家政权辽、金、西夏的契丹、女真、党项等少数民族，对古代武术发展有着特殊的贡献。这些民族建立政权之后，为巩固其统治，曾吸取汉族的武举制度，兼重文武，在民间广泛选拔武勇侠士，加强军队建设，培养军事武艺人才，提高将士作战能力。尤其是金代，仿效宋朝的武举制度，分为府试、省试和殿试三个层次的考试，逐一选拔武艺人才。考试分为内、外两场，内场考试科目为兵法理论，外场考试科目有站立射箭、骑马射箭和马枪等。凡是内场考试成绩比较差者，均降格任职，对考试成绩特别优秀者给予破格任职和奖赏。

契丹、女真、党项等少数民族使用的兵器均受到宋代兵器的影响，长短兵器均犀利精锐。西夏冶金技术发展到较高水平，兵械冶炼制作品种较多。史料记载，西夏制造的宝剑最为有名，称为“夏人剑”。1975 年，西夏墓帝王陵中曾出土铁剑，长达一米，印证了西夏时期纯熟的冶炼技术和善于制造宝剑的史实。

（八）元朝时期

蒙古族崇尚武艺，而且武器精良，技艺高超，曾以武力征服亚欧地域，在成吉思汗的领导下，灭西夏和金朝。至忽必烈时，灭南宋，建立了统一南北的大帝国——元朝。元朝建立后，统治者为了削弱人民的反抗力量，实行民族歧视和民族压迫政策。在刑法上规定汉人、南人不得聚众狩猎，不准制造和收藏兵器，不得执弓矢，不得练习武艺。元朝这些有关禁止狩猎、习武的禁令，影响了民间武艺的正常发展。但是，在元朝时期，武术与戏剧却有着密切的联系，武术通过舞台艺术表演的形式在百姓中得到一定的普及与发展。

（九）明朝时期

明朝建立后，明太祖朱元璋加强了专制主义的中央集权统治，采取了改革军政机构、恢复和发展生产等一系列措施，促进了社会经济的恢复和发展。为了加强国家的武装力量，明太祖创立“卫所制”，即屯田自养，平时操练，以备战事，朝廷对此定期进行检阅、考核评估，《明史·兵志四》记载，“军士步骑皆善，将领各以其能受赏，否则罚”[①]。卫所制使军队武艺的提高与发展有了更确切的保证。

明朝沿袭唐朝武举制度，并将其作为选拔武艺人才、提拔武官的手段之一。武举的考试科目比较全面，分为原地射箭、骑马射箭和兵法策略，后来增加了枪、刀、剑和徒手搏斗等内容。朱元璋强调“文武兼备”，明朝科举文官也要考试骑射。这一制度促进了武人习文和文人习武良好风气的形成，使文武合一。明朝在设立武举的同时，还建立武学，非常重视文武兼备的教育。明朝军队除了规定练武的

① 许志，张振华 . 披沙炼金 [M]. 北京：军事谊文出版社，1993.

内容和时间，还强调通过比赛形式，相互交流技艺，促进武艺的发展，曾提出“既学艺，必试敌，莫以胜败为丑”[①]，为了保证训练效果，专门制定了奖惩办法，按照比赛成绩，以武艺高低给予奖惩和升降职。这对培养官兵武艺素养和推动武艺发展发挥了重要作用。

在明朝民间，不同风格流派的拳术与器械套路繁多，这是前所未有的，武术理论研究水平有较大的提升，并有比较完整的记载套路图谱的书籍。例如，戚继光著有《纪效新书》、唐顺之著有《武编》、程宗猷著有《耕余剩技》等。

戚继光出身将门，他对于拳术中的踢、打及手法、身法等方面的特点都有所概述。戚继光在抗倭斗争中，非常重视对将士作战能力的培养，在军事训练中加强士兵的体能与技能训练，使其心力、手力、足力、体力、技能等得到全面发展，他强调练兵要从难、从严、从实战出发。《纪效新书》卷首《新任台金严请任事公移》中记载：“今之军士，设使平日所习所学的号令营艺，都是照临阵的一般，及至临阵，就以平日所习者用之，则于操一日，必有一日之效；一件熟，便得一件之利。”[②] 戚继光反对那些装腔作势、华而不实的练武方法。他为了有效地提高士兵的实战能力，还编了一套 32 式拳术，并对动作之间的联系做了解释，说这套拳术“正如常山蛇阵法，击首则尾应，击尾则首应，击其身则首尾俱应，上下周全无有不胜者”[③]。

（十）清朝时期

清朝沿袭明朝的科举制度，科举分文武两科，考试程序分为“童试”“乡试”“会试”“殿试”四个级别。武科考试形式分为内场与外场。内场的考试内容为默写《武经》；外场的考试内容为武技功力，考试内容有站立射箭和骑马射箭及武技。文科考试须先考骑射，合格者才能取得参加文科考试的资格。文武兼重分科考试形式，进一步推动了武技与武理的发展。但是，后来随着火器在军事上的广泛应用，作战的形式开始逐渐过渡到以火枪、火炮为主，在当时比较完备的武器制度显然也已不合时宜。于是，光绪二十七年（1901）清政府下令废止武举制度。

清朝民间武术仍然蓬勃发展，涌现出许多文武兼备的人物，从民间武术家的传记中可以看出，清朝武术不仅在内容和练习形式上有新的发展，而且在理论

① 杨永惠，等．武术普修读本[M]．北京：人民体育出版社，2000.

② 杨永惠．大学武术[M]．济南：山东人民出版社，2013.

③ 同②。

和技术研究上均取得了一定的成绩，使武术技术和理论日趋丰富，尤其是武术进入了文人生活，促进了武术理论的发展，丰富了武术内容，提高了武术的文化品位。清朝出现了许多武术论著，如黄百家编著的《内家拳法》，苌乃周编著的《苌氏武技书》，李亦畬编著的《太极拳论》等。这些武术著作是在民间武术进一步发展的基础上产生的，其中有武术技法、拳术理论、习拳口诀、练功方法及各种拳械套路等内容，反映了清代民间武术进一步向着规范化、理论化和套路化的方向发展，武术与引导、养生相互渗透的发展趋势已基本形成，许多著名的拳种，如太极拳术、八极拳术、八卦掌术等，就是在这个时期形成和发展的，而且各个拳种已形成独特鲜明的动作技术、理论知识及练功方法。武术的社会价值受到各界人士的广泛关注，人们既重视练武调血脉、养性命、自卫御侮的重要作用，也十分关注练武者的道德规范，使其能自觉加强道德品质和作风修养，学会做人。

总之，中国古代武术，是在人类生存、生活的需求下，在狩猎和搏斗的实践过程中，逐渐形成并发展起来的一种技能。起初，这些技能只是作为狩猎和搏斗中的练习方式或方法而存在着。后来，随着历史发展和人类社会的不断进步，人们从狩猎与搏斗实践中，逐渐发现其中有些动作及练习方法具有强健体魄的作用，于是，人们把这些动作及练习方法从搏斗的操练中逐渐分化出来，成为侧重于健身与修身养性的体育运动。这个分化过程经过长期的演变，到清朝才基本完成。因此，中国武术的发展大致可分为三个阶段，即生产狩猎、军事搏斗、健身娱乐。而且，通过这三个阶段的发展过程可以看出，武术在不失其技击本意的基础上，逐渐向着健身养生和娱乐的方向发展。

三、近代武术的发展

中国近代，国势衰弱，政局动荡，战争频繁。1911 年辛亥革命结束了中国的封建帝制，1912 年建立了中华民国，至此中国进入了一个新的历史发展阶段，这是一个承上启下的历史过渡时期。在此时期，中国的社会经济、政治、文化的发展错综复杂，直接影响着武术的发展。但从总体来看，民国时期的武术仍呈发展趋势，武术的发展有两个主要特点：一是以城市发展为中心，推动武术在城乡的普及和发展；二是在近代文化思潮的影响下，古老的中国武术被纳入了现代教育的范畴，使传统武术开始适应现代社会的变化过程，沿着科学化、规范化的方向演进。

（一）管理机构的建立促进了武术的普及

1910 年，霍元甲在上海创建了“中国精武体操会”，1916 年更名为“上海精武体育会”，简称精武会。精武会是以研习武术为主的庞大的综合性群众体育组织，其宗旨为“提倡武术，研究体育，铸造强毅之国民”。1919 年 10 月，孙中山为精武会十周年纪念题赠“尚武精神”四字，并指出“处竞争激烈之时代，不知求自卫之道，则不适于生存”“在短兵相接之时，技击与枪炮飞机有同等作用”“战阵开始之时，固借枪炮，而冲锋肉搏则非技击（武术）不为功”[①]。当时，中国的传统武术受到了社会各界的广泛关注，众多的社会名流和教育家都提倡“强国强种”的理念，并积极组建了致力于推广和研究武术的武术团体。在此过程中出现了一些具有代表性的武术团体。自“中国精武体操会”在上海成立以来，各地随后又陆续建立了包括“中华武术会”在内的 30 多个武术会社。

1926 年 12 月，张之江与李景林等在南京创建了“中央武术研究所”，并向国民政府申请把“武术”改为“国术”，获得批准后，即将“中央武术研究所”改名为“中央国术研究所”。1927 年 3 月，在“中央国术研究所”的基础上，张之江等申请组建“中央国术研究馆”，并改名为“中央国术馆”，随后，各个地区陆续建立了地方性的国术馆（社）。各级国术馆（社）都在上级国术馆和同级政府的指导下运作，从而构建了一个相对完整的武术组织管理架构。1933 年，位于南京紫金山脚下的“中央国术馆”成立了“国术体育传习所”。到了 1936 年，它更名为“国立国术体育专科学校”，该学校把武术作为体育教学和军事训练内容之一，并专门召集专业人士编写武术教材，在学校和部队中推广应用。

各级国术馆（社）的建立，带动了民间拳社的迅速发展。在乡村中，多数拳社组织都完全保留了传统的组织形式和名称，其主要任务是研究与传播武术，整理、编撰武术书籍。在城市中，这类组织以上海、北京为最多。这些武术组织以“提倡中国武术，增进全民健康”为宗旨，在抗日战争开始前，十分活跃地开展武术传播活动。

（二）比赛规则的形成推动了武术的发展

1923 年，上海举行了首届中华全国武术运动大会，这是中国体育史和武术史上的第一次武术单项运动会，来自全国 20 多个武术社团的选手进行了拳术和器械套路的单练与对练表演，但是，这次武术运动大会还没有制定统一的武术规则

---

① 杨永惠，等．武术普修读本[M]．北京：人民体育出版社，2000.

及评分办法。1924 年举行的中华民国第三届全国运动会，首次将武术套路列为表演赛项目，并开始制定了武术套路评分的简单规则。1928 年 10 月和 1933 年 10 月由“中央国术馆”组织，在南京举办的两次“国术国考”中，都采用了武术套路评分的简单规则。这两次“国术国考”，在中国近代史上是影响最大的两次武术大赛。至此，在 1933 年和 1935 年举办的中华民国第五届和第六届全国运动会上，武术均被列为正式竞赛项目，武术比赛仍采用武术评分的简单规则，并在此基础上进行了新的修改与补充。“中央国术馆”在 20 世纪 30 年代初制定的《国术考试条例》中记载，国术考试分为“国考”“省市考”“县考”三个级别，各级别的比赛内容均为拳术、长器械、短器械、散打和摔跤等。

（三）武术进入学校课堂和研究领域

辛亥革命后，许多社会名人纷纷提倡武技，以振起尚武精神。在这个时代，崇尚武艺的风气与当时的国民教育理念高度一致，国粹运动兴起，武术成为一种时髦运动。1915 年，在天津召开的全国教育联合会第一次会议，通过了由北京体育研究社代表许禹生提出的将中国的传统武术纳入学校必修课程的议案。该议案要求全国的各所学校都教授中国武术，并由相应的师范学校进行培训。于是，武术正式融入了由国家管理的学校教育体系中。1916 年，南京高等师范学校新设了体育科目，并引入了武术这一课程。1917 年，北京高等师范学校新设了体育科目，并开始教授武术，目的是培养擅长武术的体育专业教师。武术进入学校课堂，既有利于对武术的推广和普及，又进一步促进了对传统武术的整理与研究工作。

民国时期，有许多武术名家编撰了武术论著。其中有阐述拳械理法的，如毓慧撰写的《八卦转掌汇览》等；有考证探求武术渊源的，如唐豪编写的《少林武当考》等；有以教材教学形式编写的，如马良主编的《中华新武术》、吴志青编写的《查拳图说》等；有整理传统拳械方面的，如姜容樵编著的涉及形意拳术、八卦掌术、太极拳术等拳法套路，以及刀术、剑术、棍术、枪术等器械套路的共 20 多种拳械著作等。各种类型的武术研究论著的大量出现，为后继中国武术学科的研究打下了良好的基础。

四、现代武术的发展

中华人民共和国成立以后，武术成为崭新的社会主义体育事业的重要组成部分。几十年来，武术的前进历程虽有坎坷，但发展是主流，特别是改革开放后，武术得到了突飞猛进的发展，武术运动极大地丰富了人民的文化生活，提高了人民的健康水平，促进了国际的文化交流与交往，武术跨出国门，迈进国际奥林匹克运动的大家庭，为中华民族取得了举世瞩目的辉煌业绩。

（一）管理体制的建立使武术繁荣与进步

国家十分重视武术的继承和发展工作。1952 年，中央体育运动委员会［1954 年改为国家体育运动委员会（简称国家体委）］成立后，开始有组织、有计划地展开对传统武术的挖掘与整理工作，并设有专门的领导机构负责武术的普及、推广及竞赛工作，在全国掀起了群众性学习武术的新热潮。1953 年 11 月，天津成为全国民族形式体育表演和竞赛大会的举办地，其中武术成为大会的核心主题。1954 年，国家体委专门成立了民族形式体育研究会，该研究会主要负责对以武术为核心的民族传统体育项目进行深入的挖掘、整理、传承。

1956 年，教育部颁布了中国第一部全国通用的《中小学体育教学大纲》，武术被列入学校体育课程教学内容，并通过了《中华人民共和国运动竞赛制度暂行规定（草案）》，将武术列为全国运动会表演项目，同年 11 月在北京举行了 12 个单位参加的武术表演大会，在这次表演大会上，首次试用给运动员评分的办法，这是中国武术史上第一次由评判员对运动员的现场表演进行评分，并以获得分数多少来排出名次，予以奖励。

从 1957 年起，许多体育学院和师范类高等院校体育系科，把武术列入体育专业必修课程。国家体委把武术列为全国性的正式比赛项目，从此，每年都举行武术比赛或表演。为了适应广大群众的锻炼需要，国家体委召集部分武术专家先后整理出版了甲组、乙组和初级三个级别的武术套路图书，内容包括长拳术、刀术、剑术、棍术、枪术套路及简化太极拳术套路；还编写了高等学校体育院系武术通用教材，鼓励武术家撰写教材与论著。在国家政策的激励下，许多武术家不懈努力，出版了大量的武术著作，进一步促进了武术的繁荣和发展。

1958 年 9 月在北京举行了全国武术运动会，并成立了中国武术协会，北京体育学院和上海体育学院率先设立了武术系，招生培养武术专业人才。中国武术协会成立后，制定了第一部《武术竞赛规则》。按照该规则精神组织的评判工作，取得了比较令人满意的效果。《武术竞赛规则》的使用，对武术长拳类套路运动水平有了突破性的提高，对武术传统套路的继承、发展和技术水平的提高，也起到了极大的推动作用。自此，武术运动进入了科学化、正规化和规范化的发展轨道。1961 年，在教育部修订的《全国大、中、小学体育教学大纲》中，明确规定了各级学校武术课程教学内容与讲授时数，并强调学校体育课要把现代体育教学和武术教学有机结合起来，把武术列为达标考核项目。在中国经济困难时期，武术运动的发展与其他体育项目都受到了一定程度的影响。至 1972 年，在周恩来等国家领导人的亲切关怀下，全国各体育院校（系）开始恢复招生工作，武术教学在许多高等学校逐渐展开，全国性的武术比赛和表演也开始举行。在武术套路竞赛逐步走上正规化之后，武术散打运动开始兴起。

1979 年 9 月，在第四届全国运动会上进行了武术散打公开表演，在此次表演经验的基础上，国家体委于 1980 年拟定了《武术散打竞赛规则（征求意见稿）》，在全国范围内广泛地征求修改与补充意见，于 1982 年审定了《武术散打竞赛规则（初稿）》。自此，全国性的武术散打表演赛，每年都要举行一次，并试用《武术散打竞赛规则（初稿）》。

1982 年，国家体委在北京召开了第一次全国武术工作会议，在全国范围内开始对传统武术进行挖掘整理工作。按照这次会议精神，国家体委于 1983 年在南昌、1984 年在北京召开了专题会议，研究和部署了武术挖掘整理工作的方针、政策和任务，制定了 3 年武术挖掘整理工作计划。至此，大规模的武术普查工作有组织、有步骤地在全国范围内迅速开展起来。这次的武术挖掘整理工作规模之大，在中国武术发展史上还是第一次，国家动用了巨大的人力和物力，历经 3 年的不懈努力，共收集了有关武术文献资料 482 本，古兵器 392 件，实物 29 件，并编写出版了《中华武术拳械录》，为中国武术更趋科学化、系统化、规范化提供了宝贵的研究资料。

为了使武术早日走向世界，国家体委在 1985 年颁布了《武术运动员技术等级试行标准》。武术等级标准的实施，极大地调动了武术运动员刻苦训练的积极性，运动技术水平迅速提高。

鉴于武术事业发展需要，经国务院批准，1986 年中国武术研究院在北京正式成立，作为中国武术的研究中心，其主要任务是研究武术的历史、理论与技术，制定武术发展的有关方针、政策，培养和训练武术专门人才，为武术运动的发展和把武术运动推向世界的工作服务。1987 年，在第六届全国运动会期间，武术被正式纳入全国运动会的比赛项目名单，这一决策不仅确立了武术竞赛在社会中的重要地位，还激发了各个省、自治区和直辖市的参与热情，从而有效地促进了武术运动的全面发展。

为了更好地满足武术竞赛的实际需求，1989 年，国家体委决定将全国武术比赛更名为全国武术锦标赛，这标志着武术竞赛步入了一个全新的发展时期。同年，中国首次在江西宜春举办了武术散打的正式比赛，也就是全国武术散打擂台赛，这场比赛正式采用了《武术散打竞赛规则》。武术散打成为我国体育领域内一项重要的体育运动项目，并开始向规范化和制度化方向迈进。《武术散打竞赛规则》经历多年比赛实践，不断地总结、修改与补充，终于在1990年经国家体委审定，正式颁布施行。

进入20世纪90年代，武术运动的蓬勃发展，已达到了其整个历程中的辉煌时代。1994年5月，国家体委下发了《关于国家体委武术协会更名为国家体委武术运动管理中心的通知》，进一步理顺了关系，明确了任务，完善了对武术运动的管理体制。

1996年4月，国务院学位办公室正式批准武术作为一门体育学科，有权授予博士学位，上海体育学院成为中国首家武术博士学位授予点。武术与体育运动训练专业、体育教育专业并列为体育学科的三大专业。许多体育学院和师范院校设立了武术系，开办武术专业，招收研究生，培养武术专门人才。许多高等院校成立了武术协会或武术研究会，有力地推动了武术文化事业的繁荣与进步。

国家体委武术研究院从20世纪80年代初开始，就组织了相关的教授和专家，对建立武术段位制所面临的各种问题进行了全面的研究和探讨，以便更有效地促进武术学科的进步，提升武术运动的技术水平，并建立一个规范的全民锻炼体系。1994年，在深入调研的基础上，国家体委征求了多方面的意见和建议，制订了武术段位制试行方案。该方案于1995年开始在河南、江苏等省进行试点工作，1996年提交第三届全国武术工作会议进行审定，1997年经国家体委批准颁布实施。中国武术段位制的实施，极大地推动了武术的科学化、标准化建设和发展工作。

2000年11月，国家体育总局在安徽合肥召开了第四次全国武术工作会议，强调要以武术健身为重点，推动传统武术的继承与发展，推动竞技武术进入奥运会，推动武术向着产业化的方向发展。会议期间，还讨论制定了《2001—2010年武术发展规划》《武术体系框架构建和中国武术协会会员管理办法》等文件。

2004年，国家体育总局武术运动管理中心和中国武术协会决定，从2004年开始，每年举办一次全国武术功力比赛，这个决定极大地调动了全民健身练武、练功活动的积极性。

2009年，国务院颁布施行《全民健身条例》。

2011年，为了进一步建立、健全和细化有关武术发展的各项规章制度，国家体育总局武术运动管理中心召开专题会议，组织专人对历年来武术工作中的各类文件进行汇集整理，修订编成《武术工作管理手册》一书，为各级武术管理部门工作的开展提供了方便和基本依据。

（二）国际的武术交流使武术走向世界体坛

中华人民共和国成立后，武术被正式确立为体育运动项目，国家十分重视武术的继承与发展工作，为了使武术早日进入世界体坛，扩大中国武术在海外的影响，中国武术代表队于 1960 年随中国体育代表团出访捷克斯洛伐克，这是中国武术队第一次出国访问、表演。同年，中国武术队又随周恩来率领的访缅友好代表团赴缅甸进行了巡回表演。之后，国家多次派出武术代表团（队）出国进行表演访问，使许多外国朋友开始追求武术，到中国来寻根求源、拜师学艺。至此，武术运动在许多国家广泛地开展起来。为了推动武术走进国际体坛，1982 年，由江苏省武术馆和美国全美中国武术协会联合发起，在中国南京举行了首届中国武术国际友好表演赛，来自 5 个国家和地区的代表队参加了表演赛，这在中国武术发展史上是前所未有的创举，也是中国武术在走向世界体坛的历史进程中迈出的第一步。

随着世界武术热潮的不断推进，中国武术协会抓住了这个发展机遇，于 1984 年 4 月在中国武汉举办了国际太极拳（剑）邀请赛，这是中国第一次举办国际性的武术单项比赛，来自 18 个国家和地区的代表队参加了表演赛，这次表演赛是中国太极拳术运动走向国际体坛迈出的第一步，它不仅推动了太极拳术运动的蓬勃发展，而且为武术走向世界创造了一个良好的开端。1985 年 8 月，在中国西安正式举办了第一届国际武术邀请赛，参加这次邀请赛的有 12 个国家和地区的代表队。在这次赛会上，国际武术联合会筹备委员会宣告成立，并决定于 1986 年 11 月在中国天津举办第二届国际武术邀请赛。

1988 年 10 月，第三届国际武术邀请赛在中国的杭州和深圳举办，其中包括了武术套路和武术散打两个比赛项目。这是自中华人民共和国成立以来，由中国武术协会主办的首届国际性的散打擂台赛，它标志着中国武术开始全面地走进世界体坛的行列。

五大洲都成立了武术联合会，这表明中国武术已经走向了世界。在亚洲武术联合会成员方的共同努力下，1990 年在中国北京举行的第十一届亚洲运动会上，武术被列为正式比赛项目。同年 10 月，国际武术联合会在中国北京正式成立。1991 年 10 月在中国北京成功地举行了首届世界武术锦标赛，有 40 多个国家和地区的代表队参加了武术套路和散打表演赛。至此，每两年举行一次世界武术锦标赛。1993 年在中国上海举行的首届东亚运动会上，武术被列为正式比赛项目，这标志着中国武术已经走上亚洲运动会的赛场，在亚洲最高层次的综合性运动会上有了中国人创造的运动项目。

国际武术联合会在1994年10月被国际单项体育联合会接纳入会，使武术这一中华民族传统体育项目在与世界体育的接轨过程中迈出了坚实的一步。1999年6月，在韩国召开的国际奥林匹克委员会第109次全体会议上通过了一项决议，正式认可了国际武术联合会，这标志着中国武术已经成为国际奥林匹克运动的一部分。

在国际武术联合会的不懈努力下，2005年10月，经国际奥林匹克委员会全体会议决议，批准国际武术联合会在2008年北京奥运会期间举行武术比赛。2008年，国际奥委会主席罗格和北京奥运会组委会领导到场为运动员颁奖。这次国际武术比赛的圆满成功，为武术成为奥运会正式比赛项目奠定了基础。

2010年7月，北京武术院主办的第八届北京国际武术邀请赛在石景山体育馆举行，来自欧洲、美洲、亚洲等10多个国家和地区的76支代表队参加了比赛。北京国际武术邀请赛自1994年创立以来，为海外武术爱好者搭建了一个交流、展示和学习提高的平台，为武术运动在国内外的推广工作发挥了重要作用。

应世界泰拳理事会的邀请，中国武术协会代表团于2011年3月对泰国进行了友好访问，双方对促进两国体育文化交流合作，共同推动中泰两国体育文化发展做出了有益的工作。

中国武术要真正地属于世界，服务于世界人民，就要脚踏实地沿着科学化、标准化、职业化、全球化的路径，走出一条创新的中国武术发展之路。

（三）武术科研的兴起使武术蓬勃发展

随着武术运动在世界范围内的影响不断扩大，武术科学研究机构逐步建立，许多武术杂志和论著应运而生，武术事业蓬勃发展的势头前所未有。自1981年起，我国相继创办了由广东省武术协会主办的《武林》、中国武术协会主办的《中华武术》、北京武术院主办的《武魂》、河南省体育运动委员会主办的《少林与太极》、武当山武当拳法研究会主办的《武当》、山西省体育报刊社主办的《搏击·武术科学》等，这些武术刊物都各具特色，在国内外颇有影响，在贯彻国家有关武术工作的方针、政策，实现“百花齐放，百家争鸣”，推动武术遗产的挖掘、整理、继承和发展工作，加强武术的理论建设、技术规范与信息传播，以及把武术推向世界等方面都做出了许多富有成效的工作。

为搞好武术的基础建设，使武术理论科学化、技术规范化，国家体委武术研究院组织国内教授、专家和部分优秀运动员，编制了长拳术、南拳术、太极拳术、刀术、剑术、棍术、枪术 7 个竞赛套路，并于 1989 年 6 月将相关内容由人民体育出版社出版。另外，还编制了四式（陈、杨、吴、孙）太极拳术、太极剑术竞赛套路，太极拳推手对练套路等，并将相关内容进行出版。随着国际武术运动的蓬勃发展，人们对武术竞赛技术提出了更高的要求。为此，中国武术协会受国际武术联合会的委托，组织了部分会员协会的专家和优秀运动员，创编了新的国际武术竞赛套路，包括长拳术、剑术、刀术、棍术、枪术 5 个竞赛套路，并于 2001 年 4 月将相关内容由人民体育出版社出版。在广大武术工作者、研究者的辛勤劳动下，先后出版了大量的武术著作，如《中国武术史》《中国武术拳械录》《中国武术大辞典》《中国散手》《中国武术实用大全》《太极拳全书》等。这些武术著作的出版，对武术相关学科的研究都起到具有开创性意义的促进作用，为武术的教学、训练、竞赛、传播与推广工作提供了丰富的文化内涵和基本依据，为武术走向国际体坛做出了积极贡献。

第二节 武术的内容与类别

一、武术的内容

中国武术以技击动作为主要内容，通过套路、搏斗与功法的运动形式，来强身健体、培养意志、陶冶性情、训练防身。传统的武术套路和练功方法有几百种之多，在此基础上，各地根据广大群众健身、竞技运动的需要，又不断创编出许多新的武术套路和练功方法。

传统的武术套路根据运动风格与技术特点的不同，被命名为不同的名称。有些武术套路在形成与发展过程中，其拳法特点具有某种联系或相同之处，则被列为同门派或同类拳种。通常有以下几种类型：以某种拳法为基础发展形成的拳术门派，如太极拳术、形意拳术和八卦掌术等；以流行于某地区且具有共同拳法特点而形成的拳术门派，如少林拳术、南拳术和峨眉拳术等；以模仿某种动物的动作姿势、形象而编成的拳术套路，并以该动物名称命名的拳术门派，如螳螂拳术、鹰爪拳术和黑虎拳术等；以附会托名于圣贤等人物而形成的拳术门派，如太祖拳术、燕青拳术、岳氏拳术、达摩拳术、罗汉拳术、二郎拳术等；另外还有六合拳术、劈挂拳术、通臂拳术、戳脚拳术、翻子拳术、地趟拳术、八极拳术、迷踪拳术等拳术门派或拳种。过去曾经有人把这些拳术门派或拳种分为南北两派或内外两家。南派是指流行于南方而多用手法的拳术，北派是指流行于北方而善用腿法的拳术，故有“南拳北腿”之说。内外两家拳术的区分：内家拳法“主于御敌”，外家拳法“主于搏人”。例如，把刚柔相济的太极拳术、形意拳术、八卦掌术等拳种统称为“内家拳术”，把刚健有力、蹿蹦跳跃的长拳类等拳种统称为“外家拳术”。

二、武术的分类

中国武术内容丰富多彩。中华人民共和国成立后，相关部门在挖掘、整理、继承和发展传统武术的基础上，按照现代体育运动形式，对武术进行了新的分类，即分为武术套路运动、武术搏斗运动和武术功法运动三种形式。

（一）武术套路运动形式

武术套路运动是基于技击动作，依据攻防进退、动静疾徐、刚柔虚实等矛盾运动的变化规律来编排的。它是通过演练各种不同技术风格和特点的搏斗动作而形成的具有一定节奏的成套活动方式，包括单练套路、对练套路、集体表演套路三种形式。另外，武术套路还分为传统套路、规定套路、自选套路等。

1. 单练套路

单练套路是指单人练习的拳术套路或器械套路，它分为传统套路、规定套路和自选套路三个板块。拳术套路包括长拳术、南拳术、太极拳术、形意拳术、通臂拳术、劈挂拳术等，器械套路分为长器械、短器械、双器械和软器械四种类型。长器械套路有棍术、枪术、大刀术等，短器械套路有刀术、剑术、匕首术等，双器械套路有双刀术、双剑术、双钩术、双枪术等，软器械套路有三节棍术、九节鞭术、绳镖术、流星锤术等。

2. 对练套路

对练套路是在单练套路的基础上，两人或两人以上，按照预定程序进行攻防动作的假设性实战练习的套路形式，包括徒手对练套路、器械对练套路、徒手与器械对练套路三种类型。徒手对练套路有对打拳术、对擒拿与反擒拿术等，器械对练套路有对劈刀术、对扎枪术、对刺剑术、对打棍术、单刀对枪术、双刀对枪术、朴刀对枪术等，徒手与器械对练套路有空手夺枪术、空手夺匕首术、空手夺刀术等。

3. 集体表演套路

这是一种需要多人手动或使用特定器械，按照预定的设计流程进行练习的运动方式，包括但不限于集体基本功、集体拳术、集体剑术等。集体项目比赛中，通常有 6 名或更多的成员参加，以便改变队伍的形状和图案，也可以用音乐来伴奏，确保队伍的整齐和动作的协调。

（二）武术搏斗运动形式

武术搏斗是一种在同样的环境条件下，两名参与者按照既定规则进行智力比拼、竞技对抗和力量比拼的实战活动。它不仅具有技击性，还包含着丰富的健身价值及美学意义。现在，武术搏斗竞赛中包括武术散打和太极推手两个项目。尚未普遍开展的项目有短兵等。

1. 散打

散打也称为散手。它是两人按照规则要求，使用踢、打、摔等方法，进行对抗实战的一种运动项目。

2. 推手

推手指的是在比赛中，两名选手根据既定规则，采用掤、捋、挤、按、肘、靠等多种技术手段进行实战对抗的一种运动项目。他们利用粘连和黏随的技巧，通过肌肉的触感来判断对方的力道，并巧妙地利用这些力道将对方推出，从而确定比赛的胜负。

3. 短兵

短兵是两人手持一种特制的短棒似的器械，按照规则要求，使用劈、砍、刺、崩、点等方法，进行对抗实战的一种运动项目。

（三）武术功法运动形式

武术功法运动是指以某种动作为主或多种动作并练的运动形式，以强身健体或增强某一种技能为目的，即所谓的“内练一口气，外练筋骨皮”。按其练习的形式和运动特点可分为内功、外功、轻功、硬功四种。

1. 内功

内功是对人体内在的精、气、神进行专门修炼的一种运动方法，以精神饱满、脏腑坚实、经脉通畅、内实外强的锻炼效果。练习的形式有静卧、静坐、站桩等。

2. 外功

外功是对人体外部的筋、骨、皮及其抗击打、碰撞等能力的修炼，以达到强筋骨、壮体魄的目的。练习的方法有打千层纸、抓坛子、打沙袋等。

3. 轻功

轻功是指通过专门的训练方法和手段，人体尤其是腿部达到启动快速、爆发力强的功能效果。传统的训练方法有腿绑铁砂袋练习跑板、跳坑等。

4. 硬功

硬功是指人们通过专门的训练方法和手段，使身体具有碰撞和抗击打的能力。练习的方法可参见外功练习法。

按照武术套路、武术搏斗和武术功法三种运动形式对武功进行分类，便于对各类技术进行习练，便于对其运动规律与技术原理进行研究，同时也便于组织和开展竞赛活动。随着社会的发展进步和人民群众生活水平的提高，武术运动的分类体系必将更加完善、科学与合理。

第三节　武术的社会价值

经过漫长的历史变迁，中国武术逐步形成了独特的风格和运动法则，以其独有的技术特色和多维度的社会功能价值得以代代传承，并始终被视为一种社会文化活动，得到人们的广泛认可和接纳。武术是中国古代劳动人民集体智慧的结晶，也是中国优秀文化遗产的重要组成部分之一。武术的诞生不仅体现了中华民族的创新思维和实践能力，也展示了中国人民在体育科学这一领域内具有独到的探究精神和创新潜力。

武术在中国这片历史悠久的土地上能够代代相传、历久弥新，除了得到中国人民的精心培育和受到民族传统文化的渗透与影响，更重要的是武术本身所蕴含的独特民族文化特色和鲜明的运动风格，具体表现在以下三个方面。

一、武术的搏斗与防身价值

武术的搏斗与防身价值包含着两个方面的内容，即竞技搏斗术与实用搏斗术。竞技搏斗术是指在规则限制下的竞赛搏斗技术，实用搏斗术则是指在实战中的拼杀搏斗技术。武术搏斗术是从武术的技术手段中精炼而来的，它是实战经验的汇总，并在实际操作中得到了有效的验证。它既不同于格斗套路，又有别于散打等搏斗形式。

武术的搏斗价值不仅是推动武术向前发展的关键因素，也是武术的核心功能之一。西周时期，每当冬季或战争爆发之前，皇帝都会指示将领学习武艺，鼓励士兵进行武术训练和战斗，旨在增强士兵的实际战斗技能和士气。《周礼》记载了春秋战国时期军队的组织形式和武艺特点。在春秋时代，齐国鼓励其士兵进行武术格斗的培训，目的是选拔出真正的搏斗高手，并专门组建了一支精锐的军队为国家出征。武术搏斗术仍能在公安武警系统内广泛传播，其主要原因就在于通过搏斗训练，公安武警战士的实战技能得到了显著的提升。散打是格斗运动的一种形式，它与武术搏斗相比具有独特优势。特别是在那些不能使用现代化武器的近距离生死战斗中，武术展现出独特的魅力。当然，现代战争主要依赖于先进的武器技术。但是，在近距离搏斗时，武术的搏斗功能往往发挥出难以估量的价值。随着社会的进步与科学技术的飞速发展，武术本身也向着更高的层次迈进。

当今社会还很复杂，国际社会的竞争力度不断提升，高技术条件下作战的复杂性和多样性，以及战场上瞬息万变的态势等，使得现代军队面临着越来越多的困难与威胁。各国人民都急切地希望找到一种有效的自我保护方法，而武术的格斗技巧正好能够满足这一社会进步的需求。武术格斗具有技击性、对抗性和艺术性等特征。一旦人们掌握了武术中的格斗技巧，就能够自我防御、捍卫家园、维护正义。武术格斗不仅能强身健体，还具有一定的健身作用和医疗价值。武术格斗技巧的运用能够激发个体内心的拼搏精神与热情，进而强化竞争意识，提升生活技能。此外，它在推动武术运动全面发展及提升武术技术水平方面，具有重要意义。

二、武术的养生与健身价值

武术在形成初期，就已有发展和改变身体形态的作用。古代战事频繁、武器落后，在这种条件下，武术对提高军队将士的身体素质就显得格外重要。武术搏斗训练不仅能提高将士的作战能力和士气，还能增强他们的体质，为战争胜利奠定良好的基础。

现代武术运动的兴起与古代重视武力的原因是截然不同的，两者有着本质上的区别，当今社会科技水平不断提高，生产力进一步解放，人们的物质生活逐渐丰富，生活环境比较安定和谐，在这种优越的生活环境中，人们开始向往美好的精神生活，能够满足人们对这方面的需求与向往的运动项目就有中国武术。人们可以根据自身的条件，选择武术中的任何拳种套路作为健身运动项目，如武术中的太极拳运动，在国内外日益普及，深受广大人民群众的青睐。尽管至今还有许多人仍不愿意放弃武术的特殊功能，即防身与搏斗技能，但是，武术作为一种健身运动项目的发展趋势已不可阻挡。

从医学的临床康复治疗视角出发，武术运动在辅助治疗某些疾病，如神经衰弱等方面，展现出独特的疗效。对武术散打中辅助医疗的作用及其机理进行研究发现，配合治疗的基本理念是，武术运动可以激发患者的内部机制，使患者逐步回归到正常状态，具体方法包括对手、眼睛、身体动作和步伐的系统性锻炼，使之与气息、意念密切结合，从而达到调气安神、舒畅经脉的作用，促使机体康复。同时，武术运动还能避免现代医学的某些手段对人体带来的副作用。当然，在选择武术内容配合治疗某一疾病的过程中，要遵照医嘱，因人而异，因病而异。另外，武术理论还蕴含着大量的中国传统医学理论，如太极拳术运动，强调动与静、实与虚、刚与柔、快与慢、合与开的矛盾法则。太极拳推手强调以柔克刚、刚柔相济，旨在调整人体的中枢神经功能，增强大脑皮层的兴奋和抑制交换能力。这一理念与传统医学中阴阳学说的解释是高度一致的，并且与现代医学科学中“生命在于平衡”的观点也是一致的。

武术健身的核心价值在于预防疾病的发生。它不仅可以增强体质，提高身体的新陈代谢能力和适应环境变化的能力，还具有锻炼身体、精神和意念的独特效果。“练意志”是指通过练习武术培养人们坚强的意志品质，培养良好的心理品质，以适应社会发展需要。“练身心”指的是人在精神和性格上的全面发展。经常练习武术可以使人的身体更加健壮，心情更加愉快，精力更加旺盛，从而提升人的修养，使人的性格变得更加刚毅和柔和，最终实现心理和生理的平衡。“练意念”是指在意识指导下，通过想象或思维活动来完成各种动作的过程。练意念意味着消除杂念，集中精力，用心去练习，从而使身体的各个方面得到系统的锻炼，尤其是身体内部功能的提升。所以说武术的修身养性与练意念是分不开的。从中华传统医学的角度来看，修炼身心和意念可以促进全身的血液、气体、津液等的流通，进而调整脏腑的工作机制，实现人体从虚弱到强大的转变。因此，武术中所说的“练功”，实质上是“练心”。在长期的习武过程中，人们逐渐形成了一套自己独特的思维方式和行为模式。因此，强健不仅体现在外在，也体现在内在，乃至于整体，它能激发人体展现出超乎预期的巨大潜能，也就是所谓的“功夫”。同时，练习武术还可以使人在精神上产生愉快、舒适和兴奋感，并有提高人的免疫力和抗病能力的作用。总体来说，武术不仅是一种用于锻炼身体内部气质和外部力量的疾病预防和健身方法，也是一种极佳的健康保健和康复科学。

三、武术的道德与育人价值

中国传统的哲学思想对武术有深远的影响。武术中的各个流派都高度重视对人的道德修养和才能的培育，主张“道与艺”的融合，提倡“未曾学艺先学礼，未曾学武先学德”[①]，主张用道理来说服他人，而不是仅仅因为武艺高超就盲目展现实力。武术的技击本质是一种道德实践活动。主张练习武术的人并不是在表面上积极展示，而是在内心深处进行自我修炼和自我反思。武术强调心与身体的和谐统一，内外都要修炼，修炼武艺时必须修炼内心，否则将难以获得真正的功夫。因此，学习和研究武术必须重视对武术的道德修养。武术与人的内心是相互连接的，高尚的武德是学习者学习武术的根基，只有武术与道德的完美融合，才能被视为真正的完美。所以说，武德之基就是习武者必须具备的高尚的武德理念。这些崇高的武德理念是建立在儒家“仁义”思想之上的，受到了中国传统哲学的深刻影响。这些理念不仅体现了中华武术所蕴含的东方文明特质，也是中华民族引以为傲的一部分。武德思想正是我们国家的传统美德之一，更是一种民族精神的表现，是一种文化的结晶。在当前这个致力于提升整个民族品质的时代，大力推广武术和武德，对于塑造高尚的道德人格具有积极的推动作用，这无疑会进一步促进社会道德观念的完善和文化环境的提升。

---

① 杨永惠，等．武术普修读本[M]．北京：人民体育出版社，2000．

第二章　武术训练基础

对于初学者来说，学习武术就要先学习入门的基本功，而基本功同时也是武术教育的核心和基石。对基础技能、基础动作和基础技巧的持续练习，可以确保身体的各个部分得到全面的锻炼，并提高武术运动中的专业身体素质，为掌握拳术、器械套路和提升运动技巧奠定坚实的基础。本章就武术训练基础，阐述了武术的基本功、武术的基本动作、武术的基本技法三个方面的内容。

第一节　武术的基本功

武术是一项要求身体的肌肉、关节和内脏器官都要参与的运动。它要求学习者既要有较强的协调性，又要有一定的敏捷性和灵敏性，并能迅速有效地控制自己动作的节奏和速度，以便达到预期目标。在武术运动中，膝关节、髋关节、肩关节的柔韧性，以及腰部、上肢和下肢的力量与气息的流动，都扮演着至关重要的角色。武术家常说，“打拳不遛腿，到老冒失鬼；练拳不活腰，终究艺不高”，又说“练功先站裆，大鼎（倒立）增力量”。《华拳谱》指出：“腰要柔，腿要活，拳脚舞动赛流星；桩要站，鼎要拿，劲力稳固托泰山。”《少林拳法秘诀》指出：“未习打，先练桩。”这充分说明武术水平的提高，首要的条件就是对腰、腿、裆、鼎和桩功等的基本训练；也充分说明中国武术很早就有了系统的训练方法。

武术运动的基本功训练，包括腿部、腰部、裆步、桩功、鼎臂、手眼、冲拳 7 个主要部分。进行基本功训练还需要具备一些训练器具。现在，以肋木最为理想，但在过去，一般是用桌子、凳子、墙壁、窗台等日常用具来进行锻炼的。在锻炼的时候，如果没有肋木设备，不妨利用家中现有的器具作为训练器具。

一、腿部训练

（一）压腿

1．正压——按腿

【动作】①面对训练器具（指桌、凳、墙壁、窗台或肋木，以下均同），离开两小步站立。②将右腿提起用脚跟搁在器具上，脚尖上翘，膝部挺直，高度齐腹；左腿支撑站立，膝部挺直，脚尖正对训练器具。③两手五指交叉，按在右膝上，眼看右脚尖。④两臂屈肘，上身前俯下压，略停片刻，然后上身直起还原，接着再前俯下压。右腿经数次俯身按压之后，换左腿（以下各种腿部训练，均须左右轮换，不再另述）。

【目的】锻炼股二头肌、半腱肌、半膜肌及腓肠肌等，增强肌腱的伸展机能；锻炼膝关节内外侧的韧带，增强韧带的坚韧性；为将来的踢腿动作做好准备，为蹬腿或踢腿时膝关节内外两侧韧带所必须负担的力量打好基础。

【说明】①俯压的要求，必须是挺胸、直背、挺膝、坐胯（搁在训练器具上的腿，胯部向后下坐），身前探，脚勾紧。②俯压的次数，可以根据自己的具体情况来决定，一般来说，在初练阶段压 10～20 次，然后逐渐增加次数（以下各种动作均同此，不再另述）。③俯压的程度，初练阶段不要压得过低，过低很可能拉断肌肉纤维，锻炼一个时期后，自己感到可以俯低时再压低。④正压腿经过一个时期的锻炼，搁脚的高度可渐渐增加，但不应超过胸部，否则就不称为压腿了。

2．侧压——压腿

【动作】①身体右侧对抗训练器具，离开两小步站立。②将右腿提起用脚跟搁在器具上，脚尖上翘，膝部挺直，高度齐腹；左腿支撑站立，膝部挺直，脚内侧正对训练器具。③左手叉腰，右手握拳以前臂压在胯部上面。④上身向右侧屈下压，略停片刻，然后上身直起还原，接着再侧屈下压。

【目的】除了继续锻炼正压腿动作中的各组肌腱及韧带外，对髂骨韧带、腹股沟韧带、股阔筋膜及梨状肌、长收肌的伸长和外展都能起到有效的锻炼，为将来的外摆腿、侧踢、侧蹬等动作创造了肌肉和韧带伸缩自如的条件。同时，由于上身的侧屈，还锻炼了腹外斜肌和腰肌及腰背部的筋膜。

【说明】①侧压的要求是挺胸、直背、挺膝、开胯（髋关节外展），身侧屈，脚勾紧。②侧压经过一个时期的锻炼之后，支撑腿的脚尖应逐渐地外展，加大开胯的幅度，这样更能增强髋关节外展的机能。③侧压腿练到后期，在增加高度时，左臂变为屈肘上举，右臂则垂于裆前，上身尽量侧屈，用左手去碰或握右脚尖，这会相应地提高对上述的肌腱、韧带、筋膜的锻炼。

3. 斜压——沉腿

【动作】①身体的右后斜方对抗训练器具。②将右腿提起向后伸，用脚内侧搁在器具上，使腿的内侧朝下，膝部挺直，脚面绷直，高度齐腹；左腿支撑站立，膝部挺直，脚跟斜对器具。③两手反叉腰，虎口朝下。④上身向右后方仰屈下压。

【目的】锻炼耻骨肌、长收肌、股薄肌、大收肌、股内肌、缝匠肌和股直肌的伸长，以及小腿横韧带和十字韧带的坚韧，为武术动作中的前后劈叉做好准备。同时也锻炼髋关节囊、髂股韧带、股圆韧带的弹性和润滑性，促使髋关节的灵活，并对腹直肌也起到锻炼作用。

【说明】①斜压的要求，必须使小腹在上身后屈时向前挺凸，否则，只是仰胸弯腰就不能起到沉压的作用。②斜压的高度，开始阶段要低一些，可与支撑腿的膝部相齐，以后逐渐加高到与腹部相齐平。

4. 反压——反抬腿

【动作】①面对训练器具站立，两手扶住器具，上身略前俯。②将右腿提起伸向身后，由助手握住，膝和脚尖都要伸直、绷直；左腿支撑站立，膝部挺直，脚尖正对器具。③助手将右腿慢慢向上抬举，至一定的高度时略停片刻，然后徐徐放下，接着再慢慢向上举。

【目的】锻炼髋关节向后反转的灵活性，加强大小腿前面的股直肌、股四头肌、缝匠肌、髂腰肌及腹股沟韧带的伸展，并使阔筋膜张肌的扩张性加大。

【说明】①反压的要求，在助手抬腿上举的时候，练习者必须抬头、挺胸、腰后弯，身正、肩平、眼上看，借以锻炼腰脊的柔软度。②助手托握的部位，是右手握住练习者的右脚，左手托住右腿膝部，这样可以防止腿的弯曲。③助手向上举腿时，要防止练习者支撑腿的脚跟离地掀起。④如果没有助手，可以找一件较高的家具和两件较矮的家具，两手扶住较矮的家具，把腿搁在较高的家具上面，伸臂、仰身向后弯腰，也能进行锻炼。

5. 高腿

这是在压腿训练逐步提高的基础上进一步增加高度的训练方法。高腿训练一般分为正面和侧面两种，而这两种又分为收胯和放胯两种方式。这些高腿训练和其他腿部训练一样，也是需要左右轮换锻炼的。

(1) 正面高腿

【动作】面对训练器具（最好是墙壁）站立，将右腿提起从面前向上举过头部，用脚跟靠在器具上，脚面绷直，膝部伸直；两手抱住小腿；左腿支撑站立，膝部挺直，脚尖正对器具；上身向右腿紧贴靠拢。这是放胯势的高腿训练。收腾势的高腿训练，是靠在训练器具上的腿不宜高过头部，脚尖不绷直而是勾回，使前额能够碰到脚尖。

【目的】进一步加强腿部肌腱和韧带的锻炼，特别是锻炼髋关节的灵活性。

（2）侧面高腿

【动作】身体右侧对抗训练器具站立，将右腿提起从体侧向上举过头部，用脚跟靠在器具上，脚尖上翘，膝部伸直；右手垂于裆前，左手上举握住右脚；左腿支撑站立，膝部挺直，脚内侧朝向训练器具，脚尖稍向外展；上身以右肩向右腿紧贴靠拢。这是放胯势的侧面高腿。另外一种收胯势，只要使股骨下缩，脚不过头，脚尖碰着右耳即可。

【目的】同前。

【说明】高腿训练没有一俯一仰或侧屈的动作，而是靠在那里不动，术语叫“耗腿”。耗腿按时间来计算它的运动量，初步可耗 3～5 分钟，然后逐渐增加。

（二）扳腿

1．吻靴

【动作】①并步站立，右腿屈膝略蹲，左腿伸向身前，膝部挺直，脚尖翘起，脚跟着地；上身前俯，右手握住左脚内侧，左手握在左脚外侧；眼看左脚尖。②两臂屈肘，两手用劲向后拉，上身尽量前俯用嘴去触及脚尖。③略停片刻，上身直起，两臂伸直，接着再做第二次。

【目的】主要是锻炼小腿后部的腓肠肌、比目鱼肌及跟腱的伸长性，同时也锻炼小腿前部的胫骨前肌和肌腱的收缩性。另外，由于屈膝下蹲，也锻炼腿部肌肉的力量与弹性。

【说明】①扳腿吻靴的要求，必须是挺胸、直背、塌腰、身前探，挺膝、坐胯、收肘、咬脚尖。②扳腿吻靴的锻炼比较艰苦，初练阶段可以先用头顶去试图“顶”到脚尖，待练到头顶能够碰及脚尖后再试图以前额去“叩”及脚尖，继而进一步以嘴去“吻”及脚尖，最后要练到以下颏去“拂”脚尖。③可以在器具上进行扳腿吻靴练习，支撑腿伸直，不必屈蹲，其他动作均同上。

2．卧靴——左右卧

【动作】“右卧靴”的动作：①站立时要并步，右腿稍微弯曲膝盖并蹲下，左腿伸向身体前方，膝盖保持挺直，脚尖微微翘起，脚后跟紧贴地面；两脚同时向前平落，身体前倾；右手紧紧抓住左脚，掌心与脚心紧密相连，而左手则在腰部做反叉动作；仔细观察左侧的脚尖。②将上半身向左旋转，然后将身体的右侧倾斜至左腿，同时右臂弯曲肘部，并用头去触碰脚尖。③稍作停顿后，将上半身和右臂都伸直，然后进行第二次动作。

“左卧靴”的动作：①双腿并步站立，右腿轻微弯曲膝盖并蹲下，左腿向左斜前方伸展，膝部保持挺直，脚尖微微翘起，脚后跟紧贴地面；上半身稍微向右旋转一下；右臂弯曲肘部向上举起，而左手则紧紧地抱在右侧腋下；仔细观察左侧的脚尖。②将上半身倾斜至左腿的左侧，然后用右手紧紧抓住左脚，确保左耳部紧贴左腿。③稍作停顿后，保持身体挺直，然后进行第二次动作。

【目的】加强腿部肌腱和韧带的锻炼，同时也加强腹外斜肌、背阔肌、冈下肌等肌肉群的训练，从而间接地提高腰部的柔韧性。

【说明】①扳腿卧靴必须以身体的侧面倒卧在腿上，不能用胸部俯在腿上。②先做一种侧卧练习，连续做几次后再换作另一种，不要做一次左侧卧接着就做右侧卧。

3．抱靴

【动作】①保持右腿直立，并确保膝盖保持挺直；左腿弯曲并在身体前方抬起。②用左手紧紧抱住左腿的胫骨；用右手紧紧抓住左脚，确保手心和脚心完美贴合。③双手紧抱左腿向上提起，确保左膝的内侧与左胸紧密相连。④稍作停顿之后，重复第二个动作，然后再次向上抱起。

【目的】扩大髋关节的活动范围，并加强对感官平衡性能的锻炼。

【说明】①当向上抱腿时，务必保持胸部挺直、背部挺直，确保腿部保持挺直并保持稳定；②向上抱腿时，需要稍微延长停顿的时长。

4．端靴

【动作】①右腿作为支撑站立，膝盖保持挺直；左腿弯曲并在身体前方抬起。②用右手紧紧抓住左脚，确保手心与脚心完美贴合；左手反叉在腰间，虎口向下。③左腿缓缓地向前上方蹬去，确保膝盖保持挺直；用右手在左腿上做抵伸动作的同时，用力地将左脚拉近并固定在额头前方；仔细观察自己的脚尖。④稍作停顿之后，将左腿弯曲至第二个动作位置，然后继续做第二遍动作。

【目的】进一步加强腿部肌腱和韧带的柔韧性锻炼，同时也锻炼前庭器官的机能。

【说明】①扳腿端靴，要求挺胸、直背、收胯，支撑腿挺直，站稳。②初练阶段可以用叉腰的手扶住器具进行练习。

5. 蹬靴——朝天蹬

【动作】①用左腿作为支撑站立，确保膝盖保持挺直；将右腿弯曲并在身体前方抬起；右手从内侧支撑右脚后跟；左手放在腰间或水平地举起。②用右手将右腿从身体的右侧抬起并蹬直，同时脚尖也要翘起。③稍作停顿，然后屈膝至第一个动作后，再进行第二遍动作。

【目的】同前。

【说明】①蹬靴时，要确保上蹬的腿紧密贴合耳侧或向后扳动头部，训练时要保持胸部挺直、背部挺直、开胯，并确保腿部保持稳定。②在进行每一次蹬靴动作时，保持静止的时间应当稍微延长一些。③初练阶段，左（右）手可以扶住器具进行练习。

扳腿训练的吻、卧、抱、端、蹬五种方法，必须在压腿锻炼有了较显著的进步之后才可进行练习。它是锻炼腿部柔韧性和灵活性的第二步，并不是与压腿同时进行练习的。但在压腿锻炼有了一定的进步之后，两者成为每天锻炼的两个程序，也是可以的，并不是说进行扳腿锻炼时绝对不能做压腿练习，或者进行压腿锻炼时绝对不能做扳腿练习。

（三）劈腿

1. 前劈叉

【动作】①左腿弯曲膝部并蹲下，而右腿则向后伸展，双手按在地面分别支撑着身体的两侧。②右腿逐渐向后伸展，同时，左腿也逐渐伸直膝盖，两腿分别前后接触地面；前腿后侧紧贴地面，而脚尖则向上翘起；后腿前侧紧贴地面，使脚面保持紧绷；上半身正对着前面，双臂完全伸展。③稍作停顿后，上半身由右向后转动，右脚尖逐渐向上翘起，而左脚尖则变得绷直，接着右腿向前，左腿向后，形成前劈叉的姿势。

【目的】锻炼髋关节前后屈展的柔韧性。

【说明】①两腿劈开的时候不要过猛，否则对缺乏锻炼的人来说很容易使髋关节脱臼，也容易拉伤肌肉纤维，应该慢慢地劈开，慢慢地着地和转身。②初练阶段，在身体两侧放置两个矮凳子，用两手或两肘扶凳，两腿前后分开，根据自己的具体情况来调整两腿离地的高低，这样经过一个时期的锻炼，就可使腿贴着地面。③劈腿时，不论能否贴着地面，两腿都必须挺膝伸直。④初练阶段，不论能否贴着地面，最好坚持 15～30 秒，然后转身换腿。

2. 横劈叉

【动作】①双腿膝盖弯曲，双手紧贴身体前方支撑地面。②两条腿缓缓地向两侧劈开并伸直，同时用腿的后侧紧贴地面，脚尖微微上翘。③稍作停顿后，双腿膝盖收回以恢复原状，然后进行第二次动作。

【目的】主要使髋关节处的韧带与筋膜极度柔韧，促使髋关节的外展幅度增加。

【说明】①横劈叉的另外一种方式叫做“俯叉”，即用两手扶住两小腿，上身向前俯倒以胸贴地，两腿都以内侧贴地。②横劈叉初练阶段，可以在身前放置一个矮凳子，将身体俯撑在凳上，两腿左右分开，根据自己的具体情况来调整两腿离地的高低。③横劈叉时两腿都必须挺直，成为一条横线。

3. 卧叉

卧叉是在横劈叉的基础上做像“左右卧靴”那样的练习。这样就间接锻炼了上身两侧的肌肉。

4. 跳叉

跳叉的动作是两腿向上一前一后跳起，在空中做成“前劈叉”的姿势随后落地。这个动作要求姿势非常正确，否则落地时，后腿会受到伤害，因此在初练阶段不要跳得过高，要逐渐增加高度。

（四）撕腿

1. 站立侧撕腿

【动作】①立正站立，左臂屈肘上举，左手手指朝右，手心朝上；右手由助手的右手握住。②将右腿提起，由助手的左手托住练习者的右脚跟，膝部挺直，脚尖上翘；高度与助手的肩部平齐。③助手拉紧练习者右手，将其右腿从侧方向上、向头后部推举。④略停片刻，放下右腿换左腿做。

【目的】借助外力加强腿部的柔韧性训练。

【说明】①助手撕腿，必须凭手感来决定推举的程度，撕拉过度容易拉伤韧带和肌腱纤维，但也不能过分偏松，否则就失去撕腿的效果，最好能使练习者微微地感到有些酸痛，这样收效才大。②练习者必须保持挺胸、直背、挺膝、开胯，防止臀部后凸或弯腰。

2. 卧倒正撕腿

【动作】①仰卧在凳上或地上，右腿伸直不动，左腿在身前向上举起。②助手用右手按在练习者的右膝部，左手按在练习者的左脚跟，用力下按，使左脚尖接近头部。③略停片刻，换右腿做。

【目的】借助外力锻炼腿部的柔韧性，特别是向前上的柔韧性。

【说明】①卧倒正撕腿也需凭助手的感觉来决定按压的程度。②最好在凳子上钉一个布圈，将一腿套住扣牢膝部，这样助手便可用两手来按压伸向头部的另一腿。

（五）控腿

1．前控腿

【动作】①并步站立，右手扶握右侧的训练器具，左手叉腰。②左腿屈膝在身前慢慢地提起，脚尖绷直。③左腿继续慢慢地向身前平伸控住。④略停片刻，左腿慢慢屈膝回至第二动。⑤左脚落地并步，然后再做第二次。

【目的】锻炼腿部前面肌腱的收缩机能和控制能力，为武术套路运动中的静止性蹬腿、举腿定型动作奠定基础。

【说明】①前控腿分绷脚和蹬脚（翘脚尖）两种。蹬脚的练习方法，就是在腿向前伸出时脚尖要上翘用脚跟蹬出。这两种方法必须轮换锻炼，不可偏废。两者的锻炼效能是相应结合的。②要保持挺胸、直背、塌腰、身正、肩平的身法要求。

2．侧控腿

【动作】①并步站立，右手扶握右侧的训练器具，左手叉腰。②左腿髋关节外展、屈膝在体侧慢慢地提起，脚面绷直。③左腿继续慢慢地向左侧平伸控住。④略停片刻，左腿慢慢屈膝回至第二动。⑤左脚落地并步，然后再做第二次。

【目的】同前。

【说明】①侧控腿也分绷脚和勾脚两种，须轮换锻炼。②侧控腿时，必须使腿正向侧方，不要有丝毫偏斜；上身要端正，不可倾斜；髋关节尽量外展。

3．后斜控腿

【动作】①并步站立，右手扶握右侧的训练器具，左手叉腰。②左腿髋关节外展、屈膝在体侧慢慢地提起，脚面绷直。③左腿继续慢慢地向左后斜方平伸控住，腿的内侧朝下。④略停片刻，左腿慢慢屈膝回至第二动。⑤左脚落地并步，然后再做第二次。

【目的】锻炼腿部肌肉的外展、伸张和控制能力。

【说明】①在进行后斜控腿锻炼时上身很容易向前倾俯，这是绝不允许的，一定要保持身体正直。②后斜控腿的高度，一般来说是不大容易增高的，锻炼时不要过于心急，必须由低到高，循序渐进。③后斜控腿一般只练绷直脚面一种，不必练勾脚势的那一种。

4．高控腿

高控腿训练是在前控腿、侧控腿有了进展的情况下才开始锻炼的，它是前控腿、侧控腿的最高点。它的动作和前控腿、侧控腿完全相同，只是它的高度前控要使腿脚接近面额，侧控要使腿脚接近耳旁。按这样的要求当然是很不容易的，但必须按这个要求努力，要做到离这个要求差距不大。高控腿一般只限于正侧面，后斜控腿虽然也可以举得高一些，但受股骨大、小粗隆和髋骨接连的限制，在身体直立的情况下很难达到最高点。高控腿是增强腿部肌肉和髋关节收缩、伸展、柔韧、灵活、外张等性能的训练，也是肌肉控制性能的进一步训练。

（六）踢腿

1．前踢

【动作】①并步站立，双手叉腰。②右脚向前一步，左腿膝部挺直，脚尖勾紧，从后向前、向上、向前额处踢起。③左脚落下与右脚并拢。④左脚向前一步，右脚向前额处踢起。如此轮换连续前踢。

【说明】①前踢腿要求：头要正，顶要平，胸要挺，背要拔，腰要塌，胯要收，腿要直，脚要勾。②防止上身前俯、后仰，防止支撑腿弯曲、拔跟（脚跟离地掀起）。③前踢时应以小腿用力上摆去带动大腿，不要以大腿去带动小腿，这样才能使踢腿的速度和力量得到锻炼。④踢腿时也可以不叉腰，将两臂侧平举，这样比较容易保持身体的平衡。

2．斜挂

【动作】①同前踢动作。②左脚从身前向右耳侧旁斜踢上去。③、④同前踢。

【说明】上身保持正直，踢左腿时不要向左歪斜，踢右腿时不要向右歪斜。

3．侧踢

【动作】①将右手握成拳头（或掌），弯曲右臂向上抬起，左手握成拳头悬挂在前裆处；以右脚为支点，将左脚放在右脚内侧，使左脚尖向左。②抬起右腿，向左跨出一步，使左膝挺直并收紧脚尖。然后向左后上方迈出一步，并用力把右腿向脑后方踢出去。③左脚着地形成一个丁字形姿势。④向前跨出左脚，使脚尖朝外。转向左侧，同时抬起左臂弯曲肘部，手心可改成手掌，右手则放在裆部前方。⑤抬起右腿向后踢出。进行左右腿动作轮换。

【说明】侧踢腿时容易犯前踢腿的错误，解决方法是保持双腿呈丁字形，同时注意身体不要因为踢左腿而向左转，或者踢右腿时向右转。

4. 外摆

【动作】①站立时双脚并行，双手水平举起。②左脚迈出一步，确保右腿的膝盖保持挺直，脚尖紧紧勾住，然后从背后朝身体的左侧踢出，再经过面部向右摆动。③右脚从身体的右方缓缓下落并步。④右脚迈出一步，将左腿向右方踢出，形成外摆动作。按照这种方式进行轮替动作。

【说明】①外摆腿很容易使小腹内缩、上身前倾，这样就不能使髋关节的灵活性得到充分锻炼，因此腰腹必须挺直。②外摆的幅度要大，应使腿与体侧成180° 的直面，不要在摆到斜前方时就落下，这样就不能扩大肌肉的振幅。

5. 里合

【动作】①同外摆腿动作。②左脚上一步，右腿膝部挺直，脚尖勾紧，从后向前踢起，高不过腰。③上动未停，右腿向下、向后摆荡，上身趁势右转。④右腿继续从身体右侧向上经面部向里回环踢摆，上身趁势左转正对前方。⑤右脚落地并步。⑥换左腿做。

【说明】①里合腿向前踢摆时不要像前踢腿那样用力，而向后摆荡时要趁摆荡的惯性迅速用力使腿向上踢起；上身的转动也必须和腿的后摆协调一致。②经面部向里回环时要有意识地使腿的内收肌很快地收缩，这样才有里合的力量。③在上身转动时，支撑腿的脚不可移动，要使脚尖始终正对前方。

6. 倒踢

【动作】①并步站立，两手侧平举。②左脚上一步，右腿膝部挺直，脚尖勾紧，从后向前踢起，高过腰部。③在右腿落下时即从前向下、向后、向上屈膝回环踢起，用脚掌去碰及头部，上身趁势弯腰后仰以迎右腿。④右脚落下并步，换左腿做。

【说明】①倒踢腿时，身体与腿必须构成环状，支撑腿必须站稳。②倒踢腿时两臂也可以从身前向上、向后随上身后仰而摆动。③在初练阶段，两手可以扶住墙壁、桌椅等器具来锻炼，但要抬头、仰身、腰后弯，不要形成身体前俯。

踢腿训练的前踢、斜挂、侧踢、外摆、里合、倒踢等动作，都是在腿部肌肉、韧带和关节经过压、扳、劈、撕、控等静止性锻炼之后的活动性锻炼。这种活动性锻炼的目的，是使那些肌腱和韧带直接地投入运动，训练它们的运动性能，锻炼它们的弹性、柔软度、伸展性、振幅和力量。这六种踢腿的运动量，初练者一般可以每次两腿各踢 20 次，以后再逐渐增加到 100 次。

7. 弹踢

【动作】①并步站立，两手叉腰。②左脚向前上一步，左腿屈膝下蹲；右腿在身后屈膝，右脚离地提起，脚面绷直。③右脚绷直脚面从后向前踢出，高度不超过左腿膝部。④右脚向前落步，右腿屈膝，换左脚弹踢。

【目的】锻炼腿部肌肉的力量和速度，使大腿内外侧的肌肉得到锻炼和发展。

【说明】弹踢腿时，要迅速有力，支撑腿不可动摇，防止脚跟离地掀起；上身保持挺胸塌腰，防止拱背弯腰。

8. 蹬踢

【动作】和前面讲到的“前控腿”“侧控腿”动作相仿，但须注意两点：①屈膝在身前或侧面提腿时，要快速，不是像控腿那样缓慢。②蹬踢腿时，脚尖勾紧用脚跟着力踢出，不是像控腿那样慢慢伸出。

【目的】同前。

【说明】蹬踢腿时，支撑腿要挺膝伸直。

二、腰部训练

（一）前俯腰

【动作】①站立时并步，双臂伸展并高举，双手的掌心面向上方，5 个手指交错并紧紧握住。②身体前倾，双手紧贴脚尖并紧贴地面。③放松双手并向后进行抄抱，紧紧抓住小腿的下部，确保面部与胫骨前部紧密接触。④将上半身直立并恢复原状，然后双手交叉并举起，进行第二次动作。

【目的】锻炼腰椎的关节、软骨和韧带的柔韧性，可以使腰椎达到极度的前屈。

【说明】①两条腿需要紧闭并伸直挺膝。②面部紧贴胫骨，如果可能的话，最好让头部接触到脚的表面。③在初级训练阶段，可以进行 10～15 次的练习。

（二）侧俯腰

【动作】①与前俯腰动作相同。②身体的上半身向左旋转，而下肢保持静止。③身体的上半身向左腿的外侧倾斜，双手紧贴在脚的外侧。④上半身挺直，回到做第二个动作时的状态。⑤身体的上部向右旋转。⑥向右腿的外侧方向俯身。左右腿交替动作。

【目的】不仅锻炼腰椎的柔韧性，而且因为转体的动作，腹斜肌也得到锻炼。

（三）转腰

【动作】①开步站立，身体前倾，双臂自然下垂在身体前方。②从上半身开始，身体会从前方向左、向后旋转腰部，双臂也会随之转动。③身体的动作并不停止，而是继续向右旋转并环绕腰部。④当左手随着腰部的移动从右边向下紧握右腿的脚踝时，身体上半身向下倾斜，左耳紧贴右小腿的外部，而右手五指形成钩状，然后在身体后方抬起。⑤稍作停顿后，左手放开右踝，然后上半身开始进行向右、向后和向左的环状转动。

【目的】通过锻炼腰椎，练习者在运动过程中能完成自然的旋转动作。

（四）拧腰

【动作】①双脚并步站立，右臂水平举起，掌心朝下；左臂弯曲，肘部平举在胸前，手掌也向下；左腿保持站立的姿态，而右腿则弯曲并在身体前方抬起。②身体的上半身稍微向右倾斜，左腿随之轻微弯曲，而右腿则向左方伸出，并用右脚尖轻轻触碰地面。③以右臂作为横轴、左脚掌作为直轴，上半身则从左侧向上、向后拧腰进行翻转。经过多次动作后，从右侧开始向后转动腰部。

【目的】锻炼腰椎的旋转能力。

【说明】无论是伸腿还是拧腰，动作都需要保持一致，一旦脚尖触及地面，就应立刻进行拧腰；在拧腰时，需要使用腰部的力量，并且动作要迅速而有力。

（五）翻腰

【动作】①将左腿置于前方，右腿置于后方，两腿交叉并弯曲膝盖，形成一个歇步姿势；将左臂水平举起，确保手心向下；上半身做一个俯身动作，以便让胸部靠近膝盖。②上半身可以从右侧向上或向后进行翻转，双臂则随身旋转。③上半身动作不停，继续向左和向下进行翻转，从而形成右腿在前方、左腿在后方的歇步。④开始向左侧转动腰部完成翻腰。

【目的】同前。

【说明】在进行翻腰动作时，上半身需要前倾形成一个翻转的横轴，并且这个翻转动作要迅速而有力，以避免腹部收缩。

（六）弹腰

【动作】①站立时形成开步，双臂从身体前方抬起，掌心面向上方；抬起头来，目光落在双手上。②向后弯曲腰部，让腰部上下摆动并产生弹性。

【目的】锻炼腰椎的柔韧性和力量。

【说明】①当进行屈腰后弯时，需要形成一个稍微大于 90° 的角度。②在进行弹腰动作时，必须利用腰部来进行上下摆动，而不能用膝关节来实现这一动作。

③初次练习时，弹动的频率可以控制在 20～30 次。

（七）甩腰

【动作】①与“弹腰”动作相同。②以腰部和髋关节作为中心轴，促使上半身进行前向和后向弯曲的身体摆动。

【目的】同前。

【说明】①初次练习时，应避免快速甩腰，并根据个人实际情况调整后屈的程度。②在做甩腰和后屈的动作时，要抬头挺胸和凸腹，以形成一个半圆形的身体结构。

（八）吊腰

【动作】①②同“弹腰”动作。③弯腰之后静止不动。

【目的】主要锻炼胸椎和腰椎的柔韧性。

【说明】①中国武术大师将腰部划分为上、中、下三个部分，其中上部分是脊柱的胸椎。吊腰的目的是使胸椎尽可能地向上弯曲，因此胸部向上挺起的后弯幅度也应该逐步加大。②初次练习吊腰时，保持静止的时间大约是 1 分钟。

（九）下腰

1. 手下腰

【动作】①同“弹腰”动作。②屈腰向后弯下以双手撑地成桥形。③两手推地站起，再做第二次。

2. 肘下腰

【动作】①同“弹腰”动作。②屈腰向后弯下以双肘撑地成桥形。③重心移至腿上，使双肘伸直，形成手下腰的姿势，然后站起再做第二次。

3. 跪腿下腰

【动作】①开步站立，双腿膝盖弯曲并跪在地上，两个脚尖完全伸展；双臂高举，掌心朝向上方。②弯曲腰部向后，用双手支撑地面，形成桥状结构。③用两只手推动地面，让上半身保持直立，然后进行第二次动作。

【目的】用三种不同的方式来训练腰部后弯，增强整个脊柱的柔韧性。

【说明】当开始进行下腰训练时，可以背对着墙壁，双臂高举，挺直胸膛，弯腰用手反向支撑墙壁，然后逐渐向下弯曲，直到腰部无法再弯曲为止。这样能够逐渐练到以手撑地时再离开墙壁去练习以上三种动作。下腰训练对于儿童或女子来说，进步较快，对于成年人或男子则较慢，这就需要刻苦的精神，要有恒心进行锻炼。

（十）揉腰

【动作】①仰卧在木马上，两腿并拢；两臂上举于头顶，将手腕弯曲，让手掌朝向上方；观察双手。②助手用一只手按住练习者的胸部，另一只手则按住练习者的腿部，使其在上下左右方向上不断摇晃。

【目的】借助外力来锻炼腰部的柔韧性。

【说明】①揉腰是一种通过助手辅助来增强腰部柔韧性的锻炼方式。儿童的肌肉和韧带发育还不成熟，容易疲劳，因此对于儿童来说，这个方法是最为合适的。助手的揉晃动作程度应依据练习者的柔软度来决定，不能让揉晃速度过快，而应该慢慢地进行。②在按摩腰部到下一个阶段时，助手能够逐步减小练习者背部与腿部之间的距离，这一动作也被称为“窝腰”。

三、裆步训练

（一）马裆步

【动作】①开步站立，中间距离约等于练习者身长的二分之一。②两腿屈膝半蹲；两手握拳侧平举（或者伸掌），拳心朝下；目视前方。

【目的】主要锻炼股直肌、缝匠肌、股内侧肌、股外侧肌、胫骨肌、腓骨肌和比目鱼肌等的力量。

【说明】①马裆步要求挺胸、直背、塌腰，大腿屈平，脚尖正对前方，两膝不能超出脚尖，也不要像真的骑马那样向里扣拢。②下蹲静止的时间，按练习者自己的具体情况决定，要使两腿有些酸痛的感觉才有效。

（二）弓裆步

【动作】并步站立，两手叉腰；左脚向前跨一步，左腿屈膝半蹲，右腿在后挺膝伸直；上身微微前倾；目视前方。

【目的】主要锻炼股直肌、腓肠肌、比目鱼肌、胫骨前肌和腓骨长肌等肌腱的力量。

【说明】①弓裆步也叫弓箭步，它所规定的标准如下：大腿的前弓腿必须是平坦的，而大小腿之间的角度应在 45°～50°；膝盖和脚尖应该正对前面，形成一个垂直的线，膝盖不应该超出脚尖的位置；避免臀部向外突出及脚跟与地面分离；后箭腿需要挺直膝盖，尽量将脚尖向内拉紧，同时髋部和臀部需要下沉，以防止臀部突出或脚的外侧离地。②在弓裆步的练习中，必须确保左右两腿都得到锻炼。

（三）虚步

【动作】①并步站立，两手叉腰；右脚尖外展45°，上身随之半面向右转，左脚不动。②两腿屈膝半蹲，左脚朝着脚尖的方向迈出一步以脚尖虚点地面，重心完全移在右腿上；目视前方。

【目的】锻炼臀大肌、股二头肌、缝匠肌、腓肠肌、胫骨前肌和胫骨肌腱等肌群的力量。

【说明】虚步必须以后面的腿支持全身的重量，做到前虚后实、虚实分明；支撑腿的膝部必须正对脚尖，防止向里跪腿；上身保持挺胸、直背、塌腰。两腿要轮换练习。

（四）丁步

【动作】①并步站立，两手握拳抱于两腰侧，拳心朝上。②左脚脚面绷直，屈膝将脚尖虚点在右脚内侧二分之一的地面上，靠紧右脚。③两腿均屈膝下蹲，身体的重量七分在右腿、三分在左腿；目视前方。

【目的】同虚步。

【说明】丁步下蹲，两腿一定要并拢，上身防止前俯，两腿轮换练习。

（五）仆步

【动作】并步站立，两手握拳抱于两腰侧、拳心朝上；右腿屈膝全蹲，使臀部接近右脚跟；左腿向左侧挺膝伸出，脚尖向里扣紧，脚掌紧贴地面；上身微微前倾；头向左转，目视左侧前方。

【目的】锻炼下肢肌腱的力量。

【说明】①仆步的另一种方式叫“仆步单鞭”，左手五指撮拢成钩手反臂斜举于身后，右手做掌，屈肘上举于头上，掌指朝左，这种方式也须加以练习。②仆步的全蹲腿，脚尖要外展45°，膝部防止向里跪腿，脚跟不能离地掀起；仆步伸出的铺腿，髋关节一定要向下沉，脚尖要扣紧，防止屈膝和脚外侧掀起。③上身必须保持挺胸、直背、塌腰，防止向左、向右倾斜。④要左右两腿轮换练习。

裆步训练的主要目的，除了增强腿部力量，还需要对各种步型进行动力定型的训练。腿法练习中最重要的就是使腿与身体保持适当的距离和角度，以便发力时重心能够始终处于一个稳定而平衡的状态。在每一种拳法或器械运动中，大部分的姿势和动作都是基于马裆步、虚步、仆步等特定的步型来构建的。在进行裆步训练时，可以根据不同拳术的具体需求来选择适合的裆步进行训练。

四、桩功训练

（一）混元桩

【动作】①双脚开步站立与肩等宽，双腿弯曲膝盖并稍微蹲下；双臂自然地悬垂在身体前方，手掌朝向内侧；身体保持从头到脚都是一条垂直的线；舌头在上腭形成卷状。呼吸缓慢而平稳，呼气时气由腹部行至两肩前，身体完全放松。②闭上双眼，慢慢地用鼻子深吸一口气进入腹部，也就是在丹田的位置，然后再次缓缓地用鼻子呼出。

【目的】锻炼身体内的气血流通，并提高腿部的股直肌、腓肠肌等肌腱和脚部韧带的强度与韧性。

【说明】①在混元桩的练习中，应确保身体挺直、呼吸平稳，确保气血流通顺畅。②尽管混元桩的呼吸需要深入腹部，但呼吸的方式应当是自然的，避免有意地膨胀或收缩腹部。③在初级训练阶段，每一次都可以静站 2～3 分钟，站 1～2 次。

（二）四平桩

【动作】①两脚开立，中间距离约等于练习者身长的二分之一，两腿屈膝半蹲成马步，两脚脚尖用劲向里扣，两膝用劲向外撑，大腿屈平；两臂屈肘环抱于身前，两手拇指用劲张开，臂内旋使手心朝外，拇指朝下，其余四指并拢用劲向手背一面伸张，腕紧屈；头向上顶，颏向里收，颈竖直，肩下沉，挺胸，直背，塌腰；意念怒奋，周身运劲；目视两手。②徐徐以鼻吸气入腹（丹田处），旋即又徐徐以鼻呼出。

【目的】主要锻炼气的鼓荡，使气在紧张之中仍能沉着、平和，去其浮躁，外示以安逸；并锻炼周身内外的整劲，使劲与气合，内与外合。

【说明】①四平桩要求以动为主，即要求周身运劲，在动（运劲）中求静。四平桩由于运劲的特点，气息极易浮躁，不易下沉，在这种情况下要求“静”是比较困难的。正因为这样，久练之后才能去浮躁之气，在动中以求静，使内脏呼吸器官能够适应紧张运动的需要。②四平桩静站时，必须保持“顶平、肩平、腿平、心平”“顶平则头正，肩平则身正，腿平则劲正，心平则气正”（四平四正)。四平四正才能“内外合一”，劲、气、神、力相合。③同“混元桩”动作②。④初练时，每次可静站1～2分钟，站1～2次。

桩功是一种通过静站来锻炼呼吸和内脏器官的方法。“桩”指的是既要像桩一样静止，又要保证扎实沉稳。因此，练习桩功的时候一定要做到动静结合、内外兼修，这样才能取得较好的效果。桩功的桩势颇多，但从性质上来分则可分为两种：一种是“静中求动”的，在平静中求得气血和畅；一种是“动中求静”的，在动（运劲）中求得气息平静。上面的两种桩势，各具有不同的性质，其他桩势不再介绍。

五、鼎臂训练

（一）肘鼎

【动作】①两脚前后开立，右腿在前屈膝下蹲，左腿在后伸直，两脚跟均离地掀起；两肘平行撑在地上，中间距离与肩同宽，两手手心贴地。②右脚蹬地，左腿摆起，两肩向前送出，两腿向上伸直，成倒立姿势。

【目的】锻炼三角肌、肱三头肌、肱二头肌和肱前肌等肌肉的力量。

【说明】倒立后，头部应该向上抬，上臂要直，使面部离开地面，全靠前臂支撑身体和维持平衡。

（二）肩鼎

【动作】①两脚前后开立同“肘鼎”动作；上身前屈，用右肩撑在地上，右臂伸直贴地，手心朝上，头部偏向左肩；左臂屈肘，左手撑地。②右脚蹬地，左腿摆起，两腿向上伸直，成倒立姿势。

【目的】锻炼斜方肌、大圆肌、冈下肌等的力量。

【说明】在蹬地向上摆腿时很容易由于用力过分而翻过去，所以要使身体的重心落于左手、右臂和头部所构成的三角中间，才能立稳。

（三）头鼎

【动作】①两脚前后开立同“肘鼎”动作；两臂屈肘，两手撑地，头部也撑地，构成一个三角。②蹬地摆腿竖起成倒立姿势。

【目的】主要锻炼前臂肌肉和颈部肌肉的力量。

【说明】头鼎有了一定的进步之后，可以逐渐地试着将两手离开地面，仅以头顶撑地。这样做，支撑的时间虽然不能持久，但它对于某些地躺拳术中的“头鼎转体”动作起着直接的基础作用。

（四）手鼎

【动作】①两脚前后开立同“肘鼎”动作；两手平行撑在地上，中间距离与肩同宽，手指朝前。②蹬地摆腿竖起成倒立姿势。

【目的】锻炼三角肌、冈上肌、大圆肌、肱二头肌、肱三头肌、肱前肌、旋前肌、旋后肌、指伸肌和腕屈肌的力量。

【说明】①手鼎必须做到抬头、挺胸、并腿。②锻炼一个阶段后，还可以一手离地，以一臂支撑，唤作“单臂大鼎”。③在初练手鼎时应靠着墙壁练习（叫作“靠鼎”），然后再慢慢离开墙壁练习“空鼎”。④初练的静止时间可1分钟左右做1次。

（五）推鼎

【动作】①两手握住凳的边沿，靠墙竖起“手鼎”的动作。②两臂屈肘，身体下降，然后再直臂推起。③接着做第二次。

【目的】加强臂部和腰部的力量训练。

【说明】①推鼎是一种非常有效的臂部力量锻炼方式，但在最初的练习阶段，推撑是相当困难的，可以由助手协助完成。助手用双手稳稳地支撑练习者的左右腰部，当练习者开始下落并直臂向上进行推撑动作时，助手可以轻轻地将练习者抱起，但应以练习者自身的推撑能力为主。练习一段时间后，如果发现练习者没有发力，或用力过大的话就要调整一下姿势，让练习者放松一些再继续下一步的学习。②推鼎在初练阶段由助手帮助的话，每次可推撑5～10次。

（六）双臂功

【动作】①两手撑地，中间距离与肩同宽，手指正对前方，两臂伸直；两腿在后伸直并拢，两脚以脚趾着地；身体俯卧。②臀部凸起，身体从前向后移动。③两臂屈肘，身体从后向下、向前移动。④身体继续向前移动。⑤两臂推撑伸直，身体从前向上、向后移回至第一动，接着再做第二次。

【日的】锻炼三角肌、肱三头肌、肱二头肌、肱桡肌、腕屈肌等肌腱的力量。

【说明】①双臂功也叫作“铁牛耕地”，锻炼时两腿必须伸直，不可弯曲；屈肘向前移动时要使身体贴近地面，尽量向前移动；直臂向后移动时要尽量向后。②动作要做得慢一些，不要太快，必须使动作连贯在一起，中间不能停顿。③初练阶段每次可做 15～30 次。

（七）单臂功

【动作】①右手握拳用拳面部位撑地，臂伸直；两腿伸直并拢，以右脚外侧着地；身体侧卧，左手任意伸直。②右臂屈肘，弯腰，身体下降使右胸部贴近地面。③略停片刻，右臂推撑伸直还原，接着再做第二次。数次之后换左臂练习。

【目的】较双臂功强度更大地锻炼臂部肌腱的力量。

【说明】①单臂功也叫作“豹子卧洞”，锻炼时两腿必须伸直，不可弯曲。②上举的手和并靠在着地的脚上面的另一脚，都不可撑地，但在初练阶段，如果臂力过小推撑不起，不妨用上举的手稍撑地面以借力，或者两脚都着地。③初练时每次可推撑 3～5 次，以后逐渐增加。

六、手眼训练

（一）松肩

1. 上耸下沉

【动作】①两脚开立，两手贴在两腿侧，两肩放松。②两肩同时向上耸起。③恢复原状。④两肩同时下沉。⑤恢复原状，再做上耸动作，如此轮换。

【说明】肩胛上耸时，头颈必须端正不动，不要有耸肩缩颈的现象。

2. 前拢后张

【动作】①同“上耸下沉”的动作。②两肩同时向前凸出抱拢，使胸部收缩。③恢复原状。④两肩同时向后张展，使胸部挺出。⑤恢复原状，再做前拢动作，如此轮换。

【说明】向前抱拢时肩关节只能前移，不能上耸；向后张展时颈部不可前伸。

3. 前转肩

【动作】①同“上耸下沉”的动作。②两肩同时向前回环转动。

【说明】转肩时颈部不能移动。

4. 后转肩

【动作】①同“上耸下沉”的动作。②两肩同时向后回环转动。

5. 左右交叉前后转肩

【动作】①同“上耸下沉”的动作。②两肩一先一后地向前转动。③向前转动数次之后，两肩再一先一后地向后转动。

【说明】两肩交叉前后转动之后，可以再做几次两臂向前、向后、向里、向外的回环动作。

松肩训练是锻炼肩关节灵活性的主要项目，也是鼎臂训练以后所必须做的活动性练习。松肩训练和腰部、腿部训练有着同等重要的意义。松肩训练也能够锻炼胸锁关节的灵活性和扩大肩胛带的活动范围，有助于振臂挥拳的动作。

（二）活腕

1．分腕

【动作】①两臂侧平举，两手五指并拢侧屈腕竖起。②屈腕向下、向内、向上转动一周至屈腕竖起部位。③再做第二次。

【说明】在转动时肘关节可以略微屈一些，以助腕关节的转动。

2．挑腕

【动作】①两臂侧平举，两手五指并拢侧屈腕竖起。②臂外旋使手心朝上，屈腕向里、向下、向外、向上转动一周成竖掌。③再做第二次。

【说明】当转动一周后成竖掌时，要略微停顿一会儿，然后再做第二次，不要毫不停顿地转动。因为这是挑腕动作，不是一般的腕部回环动作。

3．翘腕

【动作】①两臂侧平举，两手五指并拢，手心朝下。②两手猛力屈腕向上翘起。③恢复第一动后继续做第二次。

【说明】翘腕后的手掌心应正对侧方，不要像分腕、挑腕那样正对前方。

4．抖腕

【动作】①右手五指并拢，屈肘举在左胸前，手心朝上；目视右手。②右手屈腕从左胸前向下、向右、向上直臂绕环举起；两眼始终随着右手转动。③右手猛然向拇指一侧屈腕一抖，肘关节随势略屈；在抖腕的同时猛然向左转脸注视左前方。④右手从头上下降至第一动的部位，再继续做第二次。做数次后换左手做。

【说明】①抖腕的第一动和第二动不必用力，至第三动抖腕时，手臂肌肉也不要紧张，只用腕关节猛然一屈即可。②左右手可轮换练习 5～10 次。③武术运动中的眼法训练，一般都是随着手的移动或动作的变化而进行的，并没有独立的训练动作，因为武术不像戏剧、舞蹈那样需要刻画人物的思想感情，它没有复杂的变化，只是“眼随手动”，手到哪里，眼就到哪里。

（三）领眼

【动作】①两手垂于两腿侧。②左手五指并拢，从下向左侧直臂绕环举起，拇指一侧朝上；眼随左手。③上动不停，左手继续直臂向上、屈肘向右绕环，屈腕使手心朝右，手指朝上；眼仍随左手。④右臂屈肘向上，右手经左手背直臂上穿，手心朝左；此时抬头眼看右手；左手同时下降到右腋处，手背贴靠右腋；上动微停，右手继续向右绕环至平举部位，拇指一侧朝上；头右转，眼随右手；⑥上动不停，左手从右腋处直臂向下、向左绕环至平举部位，拇指一侧朝上；此时眼随左手转动。⑦左手下垂于左腿侧，右臂向上举起，换右手做领眼训练。

【说明】左右手做领眼训练，使颈椎和肩臂得到回环锻炼。进行领眼训练，手臂绕环、上穿的动作要快一些，手臂一快才能训练眼法。

手眼训练中的活腕动作是武术基础技能中的腕关节锻炼部分。这种锻炼旨在增强桡腕关节和腕骨关节中的桡侧腕屈肌腱、桡腕背侧韧带等肌腱和韧带的柔韧性，确保手掌在硬、软、紧、松的状态下都能满足武术动作的要求。

七、冲拳训练

（一）马步冲拳

【动作】①双脚开步站立，双腿弯曲膝盖并半蹲；两掌屈腕内收，掌心向下，确保拳心指向上方，拳眼指向外侧。②右拳从腰间向前伸展并冲出，然后将拳心转向下方，拳眼则指向左侧；目光直视前方。③右拳收回腰部侧方，左拳同时向前冲出。

【说明】①当拳从腰部侧方冲出时，拳心是朝上的；而当肘部接近腰侧时，臂部会内旋，使得拳在螺旋动作中向前冲出，从而使拳心朝下；冲拳、旋臂和变拳心朝下这三个动作要连贯。②在做冲拳动作时，两肩需要下沉，而出拳的一侧肩则需要顺势向前推进，抱拳的另一侧肩也需要轻微地向后拉。③初次尝试马步冲拳时，每一次都可以练习 20～40 次。

（二）弓步冲拳

【动作】①并步站立，两手握拳抱于两腰侧，拳心朝上。②右脚向前上步，右腿屈膝，左腿伸直，成右弓箭步；右拳随即从腰侧向前平伸冲出，变拳心朝下；左拳不动；目视正前方。③左脚向前上步，成左弓箭步；右臂屈肘，右拳收抱于右腰侧，拳心朝上；左拳同时向前平伸冲出。

【说明】①弓步冲拳，不要在做弓步时就将拳冲出，应该在弓步形成之后再冲拳，但这两部分的动作也不要分割开来，必须一前一后地成为一个整体。②如果场地小，上步没有余地时就转身继续练习；如果场地大，也不要一直冲到头，一般冲 8～10 拳就可转身。

第二节　武术的基本动作

武术套路运动（散打、击剑等搏斗运动除外）的组成一般都取材于各种技击特点和技击规律。这些特点和规律与人体的动态变化相结合，在运动过程中展现了许多静态和动态的跳跃、滚翻、旋转、跑动等技巧。在武术运动中，这些技巧不仅使人灵动活泼，同时它们也是武术中静态和动态美感的核心组成部分。在基本功的训练过程中，人们获得了身体的伸展、柔韧、灵活、力量等基本素质之后，必然要跨进基本动作训练的阶段，在这个阶段学会掌握武术的各种运动技巧，为熟悉武术的徒手和器械等各种套路运动创造条件。基本动作训练包括平衡、跳跃、跌扑滚翻、折叠旋转、步法五个部分。

一、平衡动作训练

（一）提膝直立平衡

1. 跳步提膝直立平衡

【动作】①并步站立，两手叉腰；右腿屈膝在身前提起，右脚贴近左大腿，脚面绷直；左脚不动，左腿伸直。②站立一会儿后，左脚蹬地跳起，换右脚在左脚原处落地站立，左腿即屈膝在身前提起，如此轮换进行练习。

【说明】①跳起时，要跳得高、落得轻，落地的脚必须用前脚掌先着地，不要用脚跟着地。②跳步提膝直立平衡是跳跃的平衡动作，不是平衡的跳跃动作，因此在跳起落地之后，站立的时间要长一些，一般要求保持 1～2 分钟（后面的许多平衡动作练习也是如此），不要一跳一跳地总是换脚。③站立必须稳固，身体保持正直，提膝要高。

2. 弓步变提膝直立平衡

【动作】①并步站立，两手叉腰；左脚上前一步，左腿屈膝半蹲，右腿在后伸直，成左弓箭步；上身微前倾；眼看前方。②上身直起，重心后移，左脚蹬地使左腿屈膝在身前提起，变成提膝直立平衡；右脚不动。③做数次之后换右脚练习。

【说明】①弓步变提膝直立平衡时，提膝要快、站立要稳，不能摇晃和移动；蹬地提膝时，用力要恰当。②弓步和提膝平衡的要求均同前。③练习 5～10 次之后换另一腿练习，每次静止时间为 1～2 分钟。

（二）盘腿半蹲平衡

1. 跳步盘腿半蹲平衡

【动作】①并步站立，两手叉腰；右腿伸直站立，左腿屈膝在身前提起，成左提膝直立平衡姿势。②右脚蹬地跳起换左脚落地，左腿即屈膝半蹲；右腿随之屈膝使踝部外侧横盘在左膝上，右脚脚面绷平。③站立一会儿后，左腿伸直立起变成右腿屈膝于身前的右提膝直立平衡。④左脚蹬地跳起换右脚落地，右腿屈膝半蹲；左腿随之盘腿。如此轮换练习。

【说明】①半蹲腿的小腿不是与地面垂直的，而是由膝部前面的一点与脚尖成垂直线；大小腿之间为直角。②盘腿时，上身可以略向前倾，但须挺胸直背塌腰。③这里的提膝直立，不要求持久站立，在提膝后要立即跳步换脚做盘腿。

2. 弓步变盘腿半蹲平衡

【动作】①同“弓步变提膝直立平衡”成左弓箭步。②左脚蹬地，重心后移，右腿屈膝半蹲，左腿屈膝横盘在右膝上，成为左盘腿半蹲平衡。③站立一会儿后，左脚向前落步，仍为左弓箭步；接着再蹬地做第二次盘腿半蹲平衡。数次之后，换右腿做。

【说明】在前脚蹬地、身体重心后移时，后面的脚不可移动，要像生根一般稳固。

（三）扣腿全蹲平衡

1. 跳步扣腿全蹲平衡

【动作】①并步站立，两手叉腰；右腿伸直站立，左腿屈膝在身前提起，成左提膝直立平衡姿势。②右脚蹬地跳起，左脚向正前方跨越一步；在左脚落地时，右腿即屈膝用踝关节前部勾扣在左腿膝后，左腿同时屈膝下蹲。③站立一会儿后，上身立起，右脚向后跃步，右腿伸直站立，左腿即屈膝在身前提起回至第一动。如此，前跃成扣腿平衡，后跃成提膝平衡。“前跃蹲，后跃立”，做 10 次左右后，换另一腿练习。

【说明】扣腿全蹲平衡是比较难以掌握重心的，加上有向前跨越的动作，就更加困难。因此在初练时，可以先练习原地的扣腿全蹲平衡，不必加前后跳跃，到能够在原地掌握重心维持平衡之后再练习加跳跃的动作。

2. 弓步变扣腿全蹲平衡

【动作】①两手叉腰，成左弓箭步。②身体重心后移，左脚蹬地提起从左侧绕到身后扣于右腿膝后，右脚不动，右腿即屈膝下蹲，成扣腿全蹲平衡。③站立一会儿后，左脚向前落步，右腿在后伸直，再成左弓箭步，做第二次。做了10次左右之后，换另一腿练习。

【说明】弓步变扣腿全蹲平衡是惯性力量向后的动作，要在运动中阻止这种力量而保持身体的平衡，比前跃的扣腿平衡更难一些，因此初练时可以慢一些，但到后来就必须达到快而稳的要求。

（四）前后卧云平衡

【动作】①并步站立；右手握拳，右臂屈肘举于右耳侧，拳眼朝下，拳心朝前；左手握拳，左臂屈肘环抱于胸前，拳心朝下；左腿直立不动，右腿屈膝在身前提起，右脚脚面绷直。②左腿慢慢地屈膝全蹲，右腿同时向左斜前方慢慢伸出，右脚脚尖翘起，上身略微向右倾斜。③静止一会儿后，回至第一动。④左腿慢慢地屈膝全蹲，右腿同时绕向身后向左斜前方慢慢伸出，右脚脚尖翘起；上身略微向右倾斜。做数次之后换另一腿练习。

【说明】①卧云也叫作“卧鱼”，在武术中卧云的动作很多，但有些不是平衡动作，像“坐盘卧云”是卧在地上的折叠动作，就不具有平衡的性质，所以在这里不做介绍。②后卧云要比前卧云的动作难，初练时不妨以同侧的手稍微在地上加以支撑，帮助维持重心的平衡。③全蹲后要停留1～2分钟，不要一蹲下就起来。

（五）仰身、探海平衡

【动作】①并步站立，两手叉腰；左腿伸直，右腿屈膝在身前提起。②上身向后仰倒，右腿向前平举，右脚脚面绷直；两手握拳（或作掌）向两侧平举，拳心朝上；眼向上看。③回至第一动。④上身前俯，右腿向后上方举起，右脚脚面绷直；两手握拳（或作掌）向两侧平举，拳心朝下；眼看前方。如此仰俯轮换做，数次之后换左腿练习。

【说明】①这是两种平衡动作结合在一起的练习，它要求上身的俯仰、腿的前后举都必须以很快的速度来完成，不能缓慢，但初练阶段不妨慢慢地做。②前俯和后仰，每种动作都要静止 1～2 分钟。

（六）侧身平衡

【动作】①并步站立，右手握拳随右臂屈肘举于右耳侧，拳眼朝下，拳心朝前；左手握拳，左臂屈肘抱于左腰侧，拳心朝上；右腿直立不动，左腿屈膝在身前提起，左脚脚面绷直。②上身向右侧平倒，左腿伸向左侧平举，身体保持水平。③上身与左腿同时向上翘起，略停片刻再放平，如此一翘一放地练习，数次之后换右腿练习。

【说明】这个动作必须收腹敛臀、挺膝绷脚，支撑腿的脚尖要外展 45°。

平衡动作训练的目的，主要是锻炼前庭器官和运动器官的机能。以上 6 个平衡动作包括了腿的直立、半蹲、全蹲 3 种支撑方法，身体的直、斜、横 3 种不同的轴，仰、俯、侧 3 种不同的面，从不同的支撑、轴、面来训练平衡感官的性能，这说明武术传统的训练方法是具有一定的科学性和系统性的。

二、跳跃动作训练

（一）腾空飞脚

【动作】①并步站立，右脚向前一步；左脚在后，脚跟离地掀起；左臂向前、向上摆起，右臂斜举于身后；眼看前方。②左腿从后向前、向上摆起，右脚蹬地向上跳起，身体腾空；右臂同时从后向下、向前、向上摆起，在额前上方用右手背碰击左手心。③在空中，右脚脚面绷直向前踢出，右手击拍右脚面；左手五指撮拢成钩手直臂举向左侧，钩尖朝下。④左脚先落地，右脚随之在身前落地，回至第一动，接着再做第二次。数次之后换左脚练习。

【说明】①腾空飞脚，不论蹬地或落地，都必须用前脚掌来做。②击拍脚面的动作，必须在空中完成，不能在落地时去击拍，要求既要跳得高又要击得响。③摆腿、蹬地、摆臂要连贯起来做，中间不可分割。

（二）腾空双飞脚

【动作】①并步站立，两腿屈膝略蹲；两手握拳随两臂屈肘上举；眼看前方。②两脚同时蹬地向上跳起，身体腾空。③在空中，两脚同时向前踢出，脚面绷直；两手击拍两脚脚面。④两脚落地回至第一动，接着再做第二次。

【说明】腾空双飞脚的要求是，两脚的踢出一定要在腾空之后才挺直膝部使脚前踢，不可以在起跳时就将腿伸直；两腿踢直后要与地面呈水平状态，两脚可以并拢，也可以分开，但不能超过两肩宽度；击拍要准确、响亮。

（三）蹦步连环脚

【动作】①同腾空双飞脚动作。②两腿屈膝全蹲，两脚跟离地掀起，仅以前脚掌着地。③左脚向前踢出，脚面绷直；左手击拍左脚面。④左腿屈膝，左脚回至原地，右脚在左脚尚未落地之前即蹬地蹦离地面向前踢出，脚面绷直；右手击拍右脚面。⑤右腿屈膝，右脚回至原地，再换左脚前踢，如此连续轮换练习。

【说明】蹦步连环脚的要求是，既要蹲得矮，又要蹦得快，踢腿要直，击响连贯；其击拍动作是在落步的同时进行的，不要求在空中完成。

（四）腾空摆莲

【动作】①并步站立，两手握拳随两臂屈肘上举，右脚向前一步，左脚在后，脚跟离地；眼看前方。②左腿向前、向上摆动，右脚同时蹬地跳起，身体腾空。③在空中，两拳松开，右脚向前踢出，上身右转。④右脚向右侧做外摆动作，用手先左后右地击拍右脚面。落地后再做第二次。

【说明】①腾空摆莲是腾跃与摆腿相结合的动作，其难点在于向右转身，经验告诉我们：在蹬地跳起后，当右腿还没有完全向前踢出时就应做转身动作，如果右腿已经完全踢出了再做转身、外摆动作就比较困难。②外摆腿要伸直，击拍要准确，不能有一手拍空，击响要在落地之前于空中完成。③腾空摆莲在拳术中出现的多数是右摆莲，在基本动作的训练过程中却不可只练习一面，应该左右都要练习。

（五）旋风脚

【动作】①开步站立，两腿屈膝半蹲成马裆步；右手握拳向右侧平举，拳心朝下；左臂屈肘，左手放在右肩前面，手指朝上；眼看右拳。②上身前俯，左手变拳；两拳从右向下、向左、向上绕环抡起，上身趁势拧腰向左上翻。③上动未停，左腿提起随抡臂动作向左、向上摆动，右脚蹬地跳起，身体腾空。④在空中，身体旋转一周，右脚从下向右、向上、向额前摆动里合，左拳放开在额前击拍右脚脚底。⑤两脚落步仍成马裆步；左手握拳向左侧平举，右臂屈肘，右手放在左肩前面；目视左拳。⑥开始向左做左旋风脚。

【说明】旋风脚是一个跳跃的翻转动作。该动作上身既要翻又要转，仅仅是旋体而没有翻身的动作是不够的。旋风脚的翻身开始在左脚提起右脚蹬地起跳的时候，上身要前俯以构成翻身动作的斜形横轴，右脚跳起之后，上身即绕斜形横轴翻转；旋风脚的旋体则开始在右脚里合的时候，当左脚开始下降而右脚里合时，上身即直起构成旋体的直轴，里合击拍时上身即绕直轴旋转。旋风脚要翻转360°，翻身动作从前下至后上占180°，旋体动作从后至前占180°。因其击响必须在翻转一周后在额前进行，旋风脚还必须跳得高、击得响，动作协调。初练阶段，可以先练习转身半周的旋风脚，不要做翻身的动作；击响动作也可以在左脚落地的同时做，不一定在空中完成。

（六）腾空箭弹

【动作】①并步站立，右脚向前一步，左脚在后；两臂斜举于身后；目视前方。②两臂从后向下、向前、向上屈肘摆动，至身前上方时两手交叉上举；左腿同时向前、向上摆动，右脚蹬地跳起，身体腾空。③在空中，右脚向前踢出，脚面绷直；两手同时从上分向两侧平举，屈腕使手指朝上，掌心朝两侧。落地后再做第二次，数次之后换左腿练习。

【说明】腾空箭弹要求纵跳要高、弹踢要有力、脚面要绷直。初练时弹踢的动作可以在左脚落地的时候向前弹出，到练习有进步时再逐渐在空中完成。

基本动作训练的跳跃部分，包括了单脚跳起、双脚跳起、空中半转体和全转体等动作。这些动作的运动强度都是很大的，需要跳得高，腾空时间长，能在空中结合其他动作，这就要求肌肉的收缩功能占据首要地位。另外，对确定在空中的方位、保持身体的平衡、阻止转身的惯性力量，也都要求前庭器官提高性能才可做到。

跳跃部分不仅涉及跳跃问题，同时也涉及运动艺术的击响问题，击响在武术的运动形式里占有一定的地位，它能使武术的套路运动增加声色。此外，击响也锻炼了敏捷、准确等能力。

三、跌扑滚翻动作训练

（一）抢背

【动作】①并步站立，右脚上前一步，右腿略屈膝，左脚在后；右手握拳随右臂屈肘上举，左手握拳随左臂屈肘放在腰前；眼看前下方。②上身向前卷体倾倒，右脚对地，左脚向后上摆起。③以背的肩胛骨着地，两腿屈膝，团身向前滚翻。

【说明】抢背在技巧运动中唤作“侧交滚翻”。滚翻时头不着地，而且要有跃起动作。开始练习抢背时，可以先练“轱辘毛”：两腿并膝全蹲，两手在身前撑地，蹬脚、屈肘、团身向前滚翻，先以头着地，继以肩背着地。这里面没有跃起动作，它和技巧运动中的“屈膝前滚翻”相同。

（二）倒跟斗

【动作】①并步站立，两腿屈膝全蹲，两手在身前撑地。②上身卷体向后倒下，以背着地团身向后滚翻。③两手向后撑地，两腿向后伸。④两脚落地，两手推地立起。

【说明】倒跟斗即技巧运动中的“后滚翻”，这个动作在上身卷体向后倒下的时候，要很快地将两腿向后伸出才能成功。它要求臀、腰、背、肩相继依次着地，滚翻要圆。

（三）虎跳

【动作】①并步站立，左臂侧平举，左手手心朝下；右臂上举，右手手心朝左；右脚离地分开。②右脚向右侧落地，上身向右屈倒，左腿趁势向上摆起；右脚在此时蹬离地面，两手向地上撑去。③形成开腿的手倒立姿势。④左脚在左手侧面落地，右手同时离开地面。⑤右脚在左脚侧面落地，左手同时离开地面，上身直起。

【说明】虎跳在技巧运动中叫作“侧手翻”。这个动作必须连贯迅速，落地要轻；在练习时左右两侧都要做，双手单手都要做。

（四）加冠

【动作】①并步站立，左脚上前一步，右脚在后；两手直臂上举，手心朝前；眼看前下方。②上身前倒，两手撑地；右腿伸直向后、向上摆起，左脚同时蹬离地面。③形成倒立姿势。④屈腰，两脚向前翻下落地，膝部前送使重心前移；两手同时推地，上身直立站起。

【说明】加冠就是“前手翻”。这个动作在从倒立姿势翻下时，腰部必须尽量弯曲，头要向上抬起。在练习一个阶段之后，还可以试着在倒立姿势翻下、两脚尚未着地之前，两手即推离地面使身体腾空，而后两脚再着地站起。

（五）小翻

【动作】①并步站立，两臂从身前向上举起，两手手心朝前。②上身向后屈腰倒下，两臂随着向后摆。③两脚蹬离地面，身体腾空。④两手落地形成屈体倒立姿势。⑤两腿向后摆，两手推离地面，身体第二次腾空。⑥两脚落地站起。

【说明】小翻即“后手翻”。这个动作要求后翻时必须有甩腰的动作，要使腰部成桥形；摆臂、甩腰要快，蹬地时膝部防止向前跪屈。

（六）鲤鱼打挺

【动作】①仰卧，屈体，以背着地；两腿伸向头部，膝部接近前额；两手分放在两大腿上。②两腿向后、向下蹬，两手同时推腿，挺腹，仰头，脚落地站起。

【说明】鲤鱼打挺就是“蹬足起”。这个动作在蹬腿时，必须立即挺腹仰头，否则很不容易立起。在初练阶段也可以将两臂屈肘，两手伸向肩后撑地，在蹬腿挺腹时用两手推地，这种方式比脱手的动作容易练习。

（七）扑虎

【动作】①并步站立，两腿屈膝略蹲；两臂在身后反臂斜举，两手手心朝上；目视前下方。②两脚蹬离地面，两臂从后向下、向前摆出，身体腾空。③两手着地，两臂屈肘，随之胸、腹、大腿依次着地。

【说明】扑虎的要求是跳跃要高，落地要轻，手、胸、腹、膝相继着地的顺序要清楚。练习时两腿也可略微分开，但不可超过两肩的宽度。

（八）前倾跌

【动作】①并步站立，直体向前倾倒。②在将要倒向地面时，迅速屈肘用两手在身前撑地，形成俯卧撑姿势。

【说明】前倾跌在一些地躺拳术里经常出现，它们往往在倒地时两手握拳随两臂屈肘举于胸前，两拳相并，以前臂去接触地面。这对初练者来说是比较危险的，不必照那样练习。

（九）盘腿跌

【动作】①两脚开立，左腿屈膝，右腿伸直；两臂向左侧平举。②两臂从左向下、向右、向上摆起；左腿也同时向右摆起，右脚则蹬离地面，身体腾空。③在空中，上身向左倾倒，左腿屈膝盘起，右腿摆向右侧。④以侧卧姿势从空中向地面跌扑。

【说明】①在起跳时左腿的大收肌、长收肌、短收肌、股薄肌都必须极力收缩，使左腿尽量内收高摆，同时右脚要立即蹬地跳起，两臂尽量向右上方甩摆，这样才能跳得高。②在空中，右腿要迅速加紧对臀大肌、臀中肌、梨状肌的收缩，使右腿在起跳后立即向上外展，上身相应地迅速侧倒，这样又可以增加高度。③跌落时，左腿必须屈膝盘紧，使股外肌、阔筋膜张肌由于紧张收缩而向外凸起，左脚也必须紧向内翻使小腿肌肉紧张收缩而凸起；上身平俯，手掌伸平，使腿、臂、手、身保持平稳，这样由于腿部肌肉的凸出、着力点的平均，下跌时才不会受到伤害。④初练时可以跳得低些，顺势躺下就可以，但必须左右都练习。

（十）绞柱

【动作】①身体向左侧卧在地上，左腿屈膝，右腿伸直，左脚贴近在右腿膝前；上身离地稍起，两臂屈肘，两手在身前扶撑地面；目视右脚。②右脚以脚内侧贴地从右向身前扫转。③上动未停，上身向左躺地，翻身仰卧；右脚离地继续向头部上方扫转，左脚在上身仰卧的同时离地向身体左方扫转；两臂顺势在上身两侧撑地。④上动未停，臀部离地，上身仅以肩背着地使身体倒竖起来；右脚从头前向右、向后绞动，左脚则从左向前、向右绞动，两腿在空中绞转；两手顺势随两臂屈肘举于两肩上。⑤顺两腿绞转之势，上身翻向右侧卧倒，右腿屈膝；左腿伸直，变为与第一动相反的背向姿势。

【说明】绞柱是地躺拳术里常用的动作，有时要连续绞转 4～5 个。这就需要在上身翻向右卧时不要停留，应使身体翻转成与第一动相同的姿势，接着做第二个、第三个。

武术的垫上运动（跌扑滚翻），内容是非常丰富的。这里只选了其中的一小部分，尚有腾空翻等动作没有选作武术的基本动作训练。跌扑滚翻训练，一方面能使练习者掌握武术中的各种滚动、滚翻、跌扑等基本技巧；另一方面，能锻炼腰椎关节、踝关节、腕关节的柔软性和坚韧性，增强在空中确定方位的能力，促使前庭器官和协调机能的发展；同时还能锻炼肌肉的伸缩幅度。

四、折叠旋转动作训练

（一）歇步

【动作】①两脚前后开步站立，左脚在前，右脚在后，两腿伸直；两手叉腰；目视前方。②两腿屈膝下蹲，使臀部坐在右小腿上，左腿叠在右大腿上，左脚尖外展 45°，右脚跟离地掀起。③略停片刻，两腿直起，脚掌碾地使上身从右向后转，变成右脚在前、左脚在后。④两腿屈膝下蹲，使臀部坐在左小腿上，右腿叠在左大腿上，变成右歇步。如此左右轮换练习。

【说明】下蹲时两脚之间的距离不要过大，必须使两腿靠近叠拢，臀部与后脚的脚跟贴近；练习时转身、下蹲的动作要快，蹲坐要稳。

（二）坐盘

【动作】①并步站立，左腿屈膝从身后伸向右侧，两臂也伸向右侧，右腿伸直；目视右手。②右脚蹬地跳起，左脚向左侧摆动落地，两臂同时从右向下、向左、向上摆动；此时，右腿屈膝从身后伸向左侧；眼看左手。③右脚在身后左侧落地，两腿交叉屈膝蹲坐，使右腿盘坐在地面上，左腿叠在右腿上，上身向右侧倾斜；左手直臂在左侧斜上举，五指并拢，右臂屈肘，右手举在右肩前，五指并拢；腰左拧，头左转，仰脸，目视左手。④略停片刻，右腿跪地站起，右脚即在身后离地提起，回至第二动。⑤左脚蹬地跳起，右脚向右侧摆动落地，做左腿在地面上盘坐的坐姿。如此左右轮换练习。

【说明】坐盘的折叠姿势，本是静止性的，但在基本训练中，把它与跳跃结合起来活动，这就要求动作做得更加准确。坐盘要求身后的腿必须大小腿都着地，尽量屈膝折拢；身前的腿必须使膝部贴胸；上身既要倾斜又要略向前俯，还必须保持挺胸、直背、塌腰。

（三）前扫腿

【动作】①并步站立，左脚上前一步，左腿屈膝下蹲；右腿在后伸直，右脚尖勾紧，踝内翻以脚底内侧部分贴地，脚底外侧部分稍离地面；上身前俯，两手在身前撑地。②左脚跟离地掀起，以脚掌为轴，腰向左拧使右脚贴地向前扫转一周。数次之后换左腿练习。

【说明】①前扫腿有伏地和直身两种。上面的是伏地前扫腿。直身前扫腿的练法如下：为轴的腿只做半蹲，上身正直；扫转的腿以脚底的前掌部分贴地，后跟部分微离地面；两手不撑地，以腰的转动使脚向前扫转一周至一周半。直身的比伏地的难度要大一些，在伏地前扫腿有了基础后再逐渐练习直身前扫腿就会比较容易。②前扫腿一定要用腰的力量去协助腿的扫转，腿部必须挺膝伸直。③要求能迅速扫转 360° 或更多些，但初练可以从扫转 180° 开始。

（四）后扫腿

【动作】①并步站立，左脚上前一步，左腿屈膝略下蹲，右腿在后伸直，右脚尖勾紧，踝内翻以脚底内侧部分贴地，脚底外侧部分稍离地面；两臂从下向前、向上振摆举起；头向右转，目视右脚。②上动未停，左脚跟离地外展，左腿屈膝全蹲，上身向右下方拧腰转动；两臂随身转动向右脚处摆去，两手撑地。③以左脚掌碾地为轴，右脚趁拧腰、摆臂之势贴地向后扫转一周。数次之后换左腿练习。

【说明】①后扫腿的关键在于拧腰转身和为轴之腿的脚跟离地外展，因此拧腰、转身、脚跟外展的动作既要连贯，又要快速，使其产生转动的惯性力量来帮助腿的扫转。②扫转时，髋要沉、腿要直、脚要贴地，两眼始终追随着右脚，上身与扫转之腿约呈 135°。③后扫腿要求能扫转一周至一周半，初练时可先从扫转半周开始。

（五）磨盘扫腿

【动作】①并步站立，左腿屈膝全蹲，左脚跟离地掀起；右腿向右侧伸出，右脚尖里扣，踝内翻以脚底内侧部分贴地；上身前俯，两手在身前撑地。②右腿从右向前、向左扫转，当扫转至身前时，两手离开地面让右腿扫过，然后仍撑地。③上动未停，右腿继续使腿外旋以脚外侧贴地，向后、向右扫转；当扫至后方时，左脚离开地面让右腿扫过，然后再着地；当扫向右方时，右腿内旋仍以脚内侧贴地；这样扫转一周，又成原来的姿势。

【说明】磨盘扫腿必须连续不停地扫转，连做 5～10 次之后再换腿练习。

（六）旋子

【动作】①并步站立，左脚离地向左后斜方伸出，右脚不动；左臂从下向左、向上、向右绕环摆动，右臂摆向身后。②左脚向左后方落步；上身向前平俯，向左、向后甩腰；两臂随之从右向前、向左摆动；右脚离地。③上动未停，右腿随身平甩摆动，左腿蹬伸，左脚离地也使腿随身平甩摆动，身体腾空盘旋。④盘旋一周后落地再做第二次。

【说明】旋子必须使甩腰和摆臂的动作协调一致，形成一股惯性力量；两腿随身摆动要先右后左依次进行；在空中必须抬头、挺胸使身体保持水平。

折叠旋转动作训练，在这里选择两个折叠动作（歇步、坐盘）和 4 个旋转动作（前扫腿、后扫腿、磨盘扫腿、旋子）。折叠动作在运动中由于膝关节、踝关节的屈伸和积极参加活动，可以增强骨骼韧带强度，保证关节的灵活性。旋转动作在前后的、地上和空中的旋转运动中，由于需要惯性力量和有时阻止这种惯性力量，能够锻炼在旋转时保持身体稳定的能力；培养正确地利用旋转时所产生的惯性力量及阻止这种惯性力量的能力。

五、步法训练

（一）迈步走

【动作】①并步站立，两手叉腰。②右腿屈膝在身前提起，迈过左脚向左侧落步。③左脚从后面向左跨出一步。④右腿再屈膝提起，右脚向左迈步，如此连续迈步横行。

【说明】①提膝不要过高，行走要迅速。②要练习从左向右的迈步走。

（二）偷步走

【动作】①并步站立，两手叉腰。②右腿屈膝在身后提起，向左侧落步。③左脚从前面向左跨出一步。④右腿再屈膝提起，右脚向左偷步，如此连续偷步横行。

【说明】同“迈步走”。

（三）踏步走

【动作】①左腿在前屈膝半蹲，右腿在后挺膝伸直，成为左弓箭步；左臂在前平举，左手五指并拢，侧屈腕使手指向上；右臂在后反举，右手五指撮拢成钩手，钩尖朝上。②右腿屈膝在左腿里侧提起，脚尖上翘，随即在左脚里侧踏地，左脚同时向前跨一步，成为与第一动相同的左弓箭步。如此连续做，就是向前跺脚踏步走。

【说明】当右脚踏地时左脚要立即向前跨出，使两个动作连贯起来。踏步走也要左右两脚轮换练习。

（四）击步走

【动作】①与“踏步走”相同。②重心前移，右脚在后离开地面，左脚蹬地跳起，身体腾空；在空中，右脚从后向前击碰左脚里侧。③右脚落地，左脚随即向前落步，仍成左弓箭步。如此连续做。

【说明】跳起不必很高，能离开地面就可；击碰、落步要迅速；弓箭步不必呈半蹲状态，前腿略屈即可；此动作要左右练习。

（五）行步走

【动作】①与“踏步走”相同，但姿势略高。②右脚向前上步，左脚即用前脚掌挖地向后掀翻。③左脚向前上步，右脚挖地向后掀翻，如此连续行进。

【说明】①行步走，必须挺胸、直背、塌腰，屈膝、挖地、掀脚，好像“鹿伏鹤行”一般。②行走要迅速，要使身体保持在一定的水平线上，不能有一起一伏的波浪现象。③脚掌挖地，不要用很大的劲；掀翻要使脚跟向臀部靠拢。

步法是构成武术套路运动的主要因素之一，它与手法、眼法、身法并称为武术套路运动中的“四要”。很多步法都在将来学习武术套路中与手法、眼法、身法协调地共同练习，上述这些基本步法练习仅为各种复杂的联合步法提供一些基本条件。

第三节　武术的基本技法

武术运动的技法，因为不同的拳法和套路类型，每个都有其独特的标准和要求。因此，在训练过程中应注意掌握和运用一些具体的技术方法和要领，才能达到预期目的。这里描述的是最基础的技巧，总结为“四击”“八法”“十二型”，统称为“二十四要”。

一、四击

“四击”指的是武术里的踢、打、摔、拿四种技法。所有包含技击动作元素的武术活动，在技击内容上都与这四种技法紧密相连。这四种技法都有其独特的动态规律，以及它们的具体内容和应用方法。踢的法则有蹬、踹、分、摆、弹、缠、扫、挂等多种不同的运动内容；打的法则有冲、撞、挤、靠、崩、劈、挑、砸、撑、扳、搂、拦、采、扬、勾、抄等；摔的法则有拥、巩、揣、滑、倒、爬、拿、捋、捣、勾等；拿的法则有刁、拿、锁、扣、封、闭、错、截等。

中国的武术运动，对技击的运动规律要求非常严格。例如，武术器械运动中的单刀，可以做一个“缠头裹脑”的动作，或者做一个“捋背缠腰”的动作。但是在剑的运动里面，不允许这样做。如果在练剑的时候，做了一个不是剑的运动规律所允许的“缠头裹脑”的动作，就一定会受到批评，如“不懂道理”（即不懂运动规律），或者“这套东西”（套路）不合“规矩”。又如，太极拳中的踢法有分脚、踢脚、蹬脚、摆莲四种不同的运动规律。如果不理解它们，不熟悉它们的不同运动规律，在运动里面就不能正确掌握它们的运动方法，就会做成分脚是那么一抬腿，踢脚也是那么一抬腿，蹬脚还是那么一抬腿的动作，分、踢、蹬三种动作分不清楚，就表达不出它们不同的真实意义，也显示不出“动作语汇”的丰富和美丽。

因此，在练习武术之前，需要对各种技击动作的运动方式和规律有深入的了解、理解和掌握。要精确地掌握它们的不同力点、方向和路径，熟知它们各自的运动水平和运动速度，并在整个运动过程中清晰地表达和描述它们，还要严格地遵守这些运动规律。

二、八法

“八法”是什么呢？“八法”是“手眼身法步，精神气力功”，它关系着人体的上肢、头部、躯干、下肢、精神、呼吸、力量和技术的“手法、眼法、身法、步法、精神、气息、劲力和功夫”8 个部分。中国的武术运动，对这 8 个部分在运动方式和方法上的要求是，“拳如流星，眼似电，腰如蛇行，步赛粘（音 zhān），精要充沛，气宜沉，力要顺达，功宜纯”。现将这 8 个部分的要点分别说明如下。

（一）拳如流星

“拳如流星”代表了对上肢“手法”的特定运动标准。它强调，“手法”的动作应当如同流星一般，轻盈、灵活且充满力量。因为“手如剑”就是强调了手臂的灵活性与机动性，而不是指手指用力的大小与快慢。它的动作要求不仅限于拳法和臂部的挥舞，在手掌和腕部的精细动作中也是如此。即便是一个轻微的抖腕或刁手动作，也必须执行得非常迅速、整洁，没有任何拖沓的感觉。

要想让上肢的动作达到“拳如流星”的标准，就需要在活动过程中放松肩膀和肘部，确保肩部、肘部、腕部等关节在活动时保持放松状态。这对于保持身体重心稳定和平衡有很大帮助，但同时对提高手臂肌肉活动能力却不利。当肩膀和肘部都僵硬时，上肢的“手法”动作就会显得呆滞和缓慢；肘不松腰，肌肉的活动又难以充分进行。由于速度的影响，产生的能量可能无法充分展现。

“拳如流星”的这种要求，会不会使整个武术运动完全陷入飞快的境地？会不会使整个武术运动乱而无章？答案是不会。一般的武术运动，总是有活动性的动作在里面，也有静止性的动作在里面，既有“招”，也有“势”。它不动则已，一动就要非常迅速。“拳如流星”所描述的，仅仅是指那些具有活动性的动作。如果把这种动作分解开来看，就会发现它们是一个整体，而且具有很强的稳定性。这种方式不仅确保了武术动作的连贯性和有序性，更重要的是，它强调了静态动作的稳定性，使得拳法在动作中既有动态又有静态，进一步凸显了“动迅静定”的武术风格。

（二）眼似电

“眼似电”是头部“眼法”运动中的一个核心要求。武术中的一些动作也需要有“眼法”来配合完成。在武术活动中，“眼法”并不是一个独立的动作，只有当“眼法”与动作结合起来时才能发挥其作用。对“手法”和“眼法”都要有一个正确而迅速的判断方法，否则就可能造成失误。这种“眼法”的变化，即手到哪里眼到哪里，不仅与“手法”紧密相关，还与颈部活动有很大的联系。如果拳头朝左方冲出，颈部保持静止，头部不向左方转动，就会出现一种“斜眼”瞄拳的不寻常现象。头部转动时，“眼法”要迅速地变换角度或位置，以适应各种姿势。因此，采用“眼法”的技巧，如左顾右盼、转头迅速变脸等，都是非常必要的。另外，“眼法”对掌握套路技术也很有益，因为套路中各种不同类型的拳法，都离不开头部与四肢的配合。而且，更为关键的是，“眼法”也涉及武术动作的意图问题。武术套路中所采用的一些技术方法和运动形式，都具有一定的意向性。通常，武术中的每一个动作背后都有其特定的意图，前进意味着进攻，后退则代表防守；动则是静，静则化阴为阳，化柔为刚，这就是“以柔克刚术”中所提到的动静转化。即使是在静止状态下的拳击动作，其背后也隐藏着“等待机会”的意图。在武术教学中，如能抓住动作表象与意想之间的内在联系，就能使学生对每一动作或势式产生强烈而深刻的印象。如果武术运动能够生动地展示每一个动作和势式的意象，它就会显得非常生动和活跃，否则就会变得空洞无物。在武术动作中，“眼法”扮演了传递意向和情感的重要角色。在向前进攻时，务必专注于前方，视线不要离开目标。如果眼睛向旁边看，就会破坏进攻的意图。在前行时，出现的反向转身的动作，旨在抵御后方侵袭者的攻击。在这种情况下，必须先回头向后看一眼，然后再快速转身继续下一步动作。若没有先回顾一下背后的情况，就立刻进行反击的话，反击行动将不能有效实施。在保持静止的拳势中，需要集中视线于前方，应该保持高度警觉，目光似闪电般锐利，以表现出“时刻准备着”的意向。中国的武术运动注重技法传承，因此在技术的实践中，必须精通“眼法”。

（三）腰如蛇行

“腰如蛇行”是对身体技巧中“身法”的运动要求。在武术运动中，人体动作可以归为不同的身法，包括闪避、转身、展开、缩起、冲刺、撞击、挤压、靠近、折叠、弯曲、俯身和仰卧等。在运动中，这些“身法”的变化由腰部主宰，因此要求运动时的身体要像蛇般灵活、曲折多变，具有“腰如蛇行”的特征。另外，还需要增强胸椎和腰椎的灵活性，以便在执行动作时既能优雅地展现柔软性，又能保持稳健刚毅。当腰部保持柔软时，就会变得更加灵活；而当腰部保持坚韧时，就会变得更有力。只要腰部在行动中拥有灵活性、力量和变化力，就能够避免武术动作单调乏味、缺乏变化。

“身法”主要通过胸、背、腰、腹、臀 5 个部位来展现。一般的武术运动是非常讲究挺胸、含胸、直背、拔背、塌腰、沉腰、收腹、鼓腹、敛臀、缩臀等运动方式和方法的。一般在由动态活动转入静态时，常采用挺胸、挺腰、收腹、收臀等姿势方法。在活动中，要求身体动作要展现出多样灵活的形态。为了保持良好的身体姿势，当静止不动时需要确保胸部、背部、腰部、腹部和臀部姿势正确。如果在定势时是拱背、弯腰、凸腹、蹶臀，那完全可以想象到它是不健康的、不优美的。但是在活动的时候，仍使用“挺胸”，就会使胸椎僵硬、腰椎失去灵活，影响和阻碍了“身法”的曲折变化。所以“身法”还要做到“体随势变”，根据不同的动作采取不同的方式方法。

（四）步赛粘

“步赛粘”是对下肢“步法”所提的运动要求。“步法”在武术运动里的确是比较难以处理的。下肢需要提供必要的稳定条件，以支持上肢和躯干的运动。步法的稳健和轻捷对于武术运动的质量具有重要的影响，因此需要遵循“步赛粘”的原则，以确保下半身底盘扎实。

在武术运动中，手法、眼法、身法、步法都是相互联系的，不会独立进行。手、眼、身、步需要协调一致、互相配合，保持动作的完整性和协调性。

（五）精要充沛

人们需要保持精力和活力，以满足运动的要求，可以将其解释为精力充沛、专注投入，即“精要充沛”。在武术运动中，需要毫不含糊地表现出强烈的意志，展现出磅礴的气势。尽管内心有“怒”，但不将“怒”表现在脸上，而是通过动作和姿态表达出来。这种表现方式类似于中国书法，即在书写中表现出“怒”，而非在面部表情中表现出来。“怒”与“凶狠”并非同义，凶狠的行为在武术比赛中是不适宜的。想要表现出“怒”的氛围，就需要熟练掌握武术训练中的战斗技巧，并且将自身沉浸在一个充满紧张战斗气息的环境中。只有如此，才能让武术运动具备澎湃的激情和生机勃勃的活力，展现出宏伟壮观的气势，呈现出精准有力的动作。

（六）气宜沉

“气宜沉”，是指呼吸时需要达到的运动要求。在武术运动中，良好的呼吸习惯对于运动持久性是至关重要的。一些武术运动项目，如那些结构复杂、动作迅猛、运动量巨大的，需要较高的氧气供应。如果没有熟练掌握和不能运用深呼吸中“气沉丹田”的技巧，就很可能让气停留在胸腔中，导致气血翻涌不稳。如果身体内部的气向上浮，就会导致身体内部空虚。因为空虚，呼吸会变得急促，吸入的氧气就不够。这会导致身体缺乏动力，不能保持长时间的运动。参加运动会可能会导致面色苍白、呼吸急促、头晕恶心、动作失常，无法保持良好的运动平衡。因此，在进行运动时，需要使用腹式呼吸技巧，有目的地控制呼吸。运用这种技巧不仅可以增加运动时长，稳定身体平衡，同时也可达到优美、冷静、镇定的效果。

除了使用“沉”的方式，武术运动还能够运用“提”“托”“聚”三种呼吸方式。在从低动作转换为高动作或从跳跃动作转换为高动作时使用“提”法。在进行高静力或低静力的静态动作时，应当运用“托”法。在出现刚脆、短促的动作时，则需要改用“聚”法。当从高动作转变为低动作时，要运用“沉”法。尽管在运动过程中，这些呼吸技巧会发生变化，但它们始终遵循“气应收敛”的基本原则。在武术运动中，掌握灵活的呼吸技巧以适应各种动作和情况十分关键，需要经过反复实践才能够正确掌握，在运用时应该保持自然。

（七）力要顺达

“力要顺达”是对“劲力”所提的运动要求。武术运动是要使劲、发力的。否则，运动就没有分量，就显得飘浮、松懈。然而，如果力量施加不恰当、不顺畅，运动就会变得僵硬、缺乏灵活性。在武术运动中，要避免“僵硬用力”的情况，必须同时注重力量和流畅性。若想达到顺畅的力量运用，需要从“三节”“六合”两个方面入手。

以上肢为例，手臂分为梢节、中节和根节，其中手为梢节，肘为中节，肩为根节。同样地，对于下肢来说，脚可以被称为末端节，膝可以被称为中间节，而胯可以被视为顶端节。“六合”是指 6 个身体部位的协调配合，包括手、肘、肩、脚、膝和胯（也有人认为是眼、心、意、气、力、功，那是有关技击意识和技击实践的方式方法，在这里暂且不去谈它）。

例如，当上下肢的动作有互相牵涉的时候，如果是发力前冲的动作，就必须使脚、膝、胯的力量，利用腰力的媒介，从“送肩、顺肘”传达到手或拳，使上下六部贯通起来，并使上下的劲力顺成一股。武术运动里的僵硬和死板，问题不在于用力的大小，而在于顺与不顺。所以在运动中，一定要善于掌握“三节”和“六合”，用顺力，用活劲。

（八）功宜纯

“功宜纯”，是对技术质量所提的要求，要求技术质量必须是纯粹的，可以表达为技术质量必须没有任何杂质或不纯因素，也就是说要求功夫必须是纯净的。“功”通常指一个人的成就、成绩、贡献或表现。它可以是个人的努力和经验的结晶，也可以是集体合作的结果。在不同的语境中，它也可能有不同的含义，如在武术中，“功”通常指对武功的修炼和精进。此处的“功”指的是身体素质和各项运动技巧，包括力量、速度、耐力、敏捷等方面。“功”字是由“力”和“工”合并而成的。纯的意思是不带任何杂质或非混杂。实践是实现技术质量完美的关键所在，只有经过不断锻炼和实践，才能达到技术纯熟的境地。通过坚持不懈的训练和实践，我们可以逐步提高身体素质和运动技能水平，从而提高技能的纯净度。同时，要使技术质量达到“纯”的地步，还要做到以下五点。

第一，体势要工整。每个动作势式，都必须按照一定的规格要求，做到准确、齐正、匀称，结构严整，路线清楚，一丝不苟。武术的动作做不到“整”的话，不仅难看，也不容易发挥出来力量。例如，“弓步冲拳”这个简单的动作，假若做成耸肩、弯腰、屈腿、撅臀，结构缩成一团，不舒展匀称，其形象一定是很难看的；同时，由于腿屈、腰弯、肩耸，就难以使力量蹬之于腿、主之于腰、送之于肩、顺之于臂、达之于拳。冲拳的力量就不能上下贯通完整地发挥出来。所以“功宜纯”，体势必须工整、匀称，做到一个“整”字。

第二，筋骨要遒劲。就是组成动作势式的“五骨”，每根线条都要遒劲。动作势式仅仅做到“整”，还是不够的，缺乏遒劲，只有皮肉没有筋骨，就成了空洞欲塌的架势。因此“体称劲遒”才能说是形质完备的。怎样才能使“五骨”具有遒劲呢？要使“五骨”遒劲，它须从“撑、拔、张、展、勾、扣、翘、绷、顶、塌、收、沉”等法着手。例如，“弓步双推掌”这样一个动作势式。躯干这根线条的遒劲，就在于它的头向上“顶”，下颌向里“收”，项背向上“拔”，胸向外“张”，腰向下“塌”；上肢两根线条的遒劲，则在于它的肩向下“沉”，臂向前“撑”，掌指向手背一面“绷”，手腕向拇指一侧上“翘”；至于下肢两根线条的遒劲，还在于它前面腿的膝向前“顶”，跨向外“展”，髋向下“沉”，后面腿的膝向后“绷”，髋向下“沉”，脚向下、向后“撑”，脚尖向里“扣”。这样，五根线条都由于肌腱韧带的极力伸缩而处在紧张的状况之下，具有剑拔弩张之势，遒劲就由此产生出来了。

第三，心力要坚强。这是要求内心里面也要鼓足一股劲。武术的形体动作都有它的意向，要把动作意向表现得完美，内心必须一起参与活动。这个特点决定了武术的形体动作一定要“心动形随”，要随着内心意识的活动而运动。心力不坚，那么形体的动作势式就会松懈，遒劲也不可能刚健，所谓“心力不坚，则无劲健”。动作的意向更难以表现出来，动作没有意向，运动就失掉了生气。因此，心力要坚，要使内心里的一股劲和形体动作的一股劲两者内外结合起来，成为“合力”。

第四，招式要连贯。在一个套路里，所有的动作应该是“始终连绵相属，气脉不断”。所谓“连”，并不是说要把整个套路的动作不停顿地一气练完，中间没有间歇，而是要求在一招一式之间，需要注意“形断意连”“势断气连”，需要灵活运用心理活动，将前后步骤衔接起来，确保整个流程流畅无阻。例如，“弧形步转身腾空摆莲”这个动作，如果头不后摆、眼不向后注视，动作虽然没有间歇停顿的现象，但严格说来这已失去了连贯。“弧形步”和“转身摆莲”的连接，正是由这个“意”连接起来的。没有了这个“意”，摆莲腿就成了孤立的动作，气势就中断了。“心动形随”，心志活动起着动作连接的重要作用，要注意这一点。

第五，阴阳要分清。在武术运动里，包含着动静、刚柔、伸缩以及内外、正偏等种种的对立因素，武术的传统说法唤作“阴阳”。善于掌握和运用这些对立因素的规律，动作就能做得更好。对立因素的某一方都是不能孤立地存在的。对立的两方，失掉任何一方，另一方就失去了存在的条件。中国的武术运动特别强调：欲要动先须静，欲要实先须虚，欲要刚先须柔……例如，冲拳发力，拳从腰间发出的时候，拳臂的肌腱都是比较放松的，手也握不太紧，肩也不太下沉，这时是“柔”的状况；等到肘关节从后向前经过腰侧、臂做内旋的时候，手就会握紧，肩就会向下沉，拳臂的肌腱就紧张起来，这时才有了“刚”。有松弛才能有紧张，如果一开始整个拳臂就处在紧张的状况下，那要这拳紧张时，它反而不能紧张了。这样，“刚”也就显示不出来了。同时，发力的这对刚柔对立因素必须是在同一个运动过程中相互转化，不能把它们分割为两个运动过程，否则就失掉了对立的统一。其他的种种对立因素也都是如此。

以上所说的前四法是“八法”里的外四法，后面的四法是内四法。内外“八法”必须全面掌握，才能得心应手，内外统一，达到完整的地步。

三、十二型

在武术运动中，“十二型”指的是固定的12种运动方式，包括动、静、起、落、站、立、转、折、快、缓、轻、重。

在武术运动中，包含了多种不同类型的动作。这些动作可以被归为活动性、静止性、转动、扭折等不同的类别。与这些动作的速度、站立方式等有关的问题，经过中国武术运动的长期演变，已经被人们根据积累观察出来的实践经验进行了解决，可以概括为：动如涛，静如岳，起如猿，落如鹊，立如鸡，站如松，转如轮，折如弓，轻如叶，重如铁，缓如鹰，快如风。

当做“活动性”动作时，必须确保运动过程具有节奏性和平静感，从而实现“动静相融”的境界。在做“静止”动作时，需要展现出坚不可摧的姿态，犹如挺拔的山峰一般，能够经受住任何巨大的冲击而不动摇。

在做“跳起”动作的过程中，应像猿猴一样展现出机敏、灵活、敏捷的形态。在做“落下”动作时，落地需要像喜鹊落在树枝上时那样轻盈和稳定。

当做单腿“独立”动作时，尤其是从运动状态转换到静止状态时，应像鸡在奔跑时突然被干扰一样，立即停下并抬起一只脚。“站”这个动作是指双脚稳稳地贴在地上，用苍松一样的刚健、挺拔的姿态来展现，在静止的表面下蕴含着运动的意味，使得静态与动态相结合。

要呈现圆形效果，“旋转”动作必须绕着一个轴心旋转。做“折”动作时需要像拉弓一样，使腰部具有反弹力量，不应该折得太软没有力道。例如，向左右两侧折腰，腰部柔软折得下去固然是好，但如果显不出一股连接后面动作变化的劲力来，就会使气势中断。

要让动作“飘”，就必须把“轻”动作做得像树叶般轻盈，不带丝毫沉重感。在做“重”动作时，需要表现出和钢铁一样的沉重感。

做“快”的动作必须像疾风般迅捷，但也必须保持精准、流畅，完美地表达出技能和动作的精髓。做“缓慢”动作时需要集中注意力，像一只盘旋在空中的老鹰那样专注、慢慢地行动，但不要让动作太缓，以至于产生松懈感。

第三章　武术教学理论

本章主要对武术的教学目标，武术的教学准则，武术的教学特征，武术的教学方法，武术的教学内容、阶段与环节等内容进行讲解。在上述内容基础上，针对学生教学实际情况，就如何上好一堂武术课进行案例分析。

武术教学是师生为达到预定教学方向而进行的教学活动。它是师生组成的双边教学活动，由教师通过特有的教学方法和手段进行技术和理论的教授，同时学生通过一定的方法领会和掌握。武术教学属于体育教学的一个组成部分，具有体育教学的一般特点，遵循体育教学的一般规律；武术运动因其技击属性和文化属性而不同于其他体育项目，武术教学又有其特殊性。

第一节　武术的教学目标

以高校武术教学为例，武术教学目标可表述为“武术教学中师生预期达到的学习结果和标准”。这个“结果和标准”是教师和学生双方都应当期望和遵循的，对于教师来说它是传授武术技、理的目标，对于学生来说它是学习目标。

一、武术教学目标的功能

武术教学目标是武术教学理论中的核心内容之一，是教学理念的体现。武术教学目标具有多种功能：①统领功能，目标决定要采取的方法与手段，决定教学设计，能够为教学活动指明目标；②激励功能，目标被学生认同后能够激发学生的学习动机和习武兴趣，从而转化为学生积极参与习武的动力；③评价功能，目标确定之后，是否达到目标就成为测定武术教学效果的尺度和标准。

二、武术教学目标的类别

高校武术教学目标可分为课程教学目标、学年教学目标、单元教学目标和课次教学目标。目标由大至小，目标时间范围由长到短，目标内容逐层细化具体。在高校武术普修教学中，教学时间多数都是一学期，所以高校武术教学的学期目标也就是它的课程目标，然后是单元目标和课次目标。

三、武术教学目标的确定

（一）武术教学目标的影响要素

1. 学生主体

学生是受教育者，是教学活动的主体。教学目标必须结合学生实际情况做到有针对性，同时在教学过程中还要注意主体之间的差异，做到因材施教。

2. 教学实施时间

体育教育专业的武术普修课程通常安排在第二学年的第一学期，每周两次课，4 学时；学期共 18 周，两周复习考试，上课时间按 16 周计算，共 64 学时。其他专业学生不尽相同。

3. 教学内容

武术普修教学的主要内容包括初级套路、实战技术和武术理论知识，体育教育专业还涉及教材教法。

（二）关于武术普修课的教学目标

根据体育教育专业要求和大学生身心发展特点，我们将武术普修教学目标确定为运动类目标和知识情感类目标两种。

1. 运动类目标

养成良好的武术锻炼习惯，掌握一定的攻防格斗技能；掌握武术基本理论、基本知识和基本技能及裁判方法；提高武术教学实践能力，能够合理运用教材教法进行中小学武术教学。

2. 知识情感类目标

掌握系统的武术理论知识，提高传统文化修养；形成积极进取的生活态度和养成健康的生活方式；运用所学武术技、理调适生活；增强社会责任感和团队意识；掌握一定的实战攻防技能。

第二节　武术的教学准则

武术的教学准则基本上遵循一般体育教学的准则，同时根据武术教学规律，又有一些特殊准则。

一、精讲多练准则

武术教学内容多，新授课所占比重大，教师在教学过程中一定要注意自身的语言讲解，做到简明扼要、易懂易学。教师应讲动作的关键环节、动作的难点，不能眉毛胡子一把抓，没有重点，语速平淡，让学生分不清主次，难以接受。

多练是指学生在学习过程中，一定要勤思考、多练习，只有这样才能记住动作，形成动力定型，做到动作自动化。

二、打练结合的实用性准则

武术套路曾被少数人误认为是花拳绣腿，好看不中用。原因主要是在教学过程中没有突出实用性，教师对动作的攻防实用原理讲解不够，学生只是一味地进行动作演练，没有机会处理动作的艺术化与实用性的区别与联系。学生学了武术动作后，要进行手靶、脚靶、沙包的练习，体验动作的实战作用，掌握动作的实用价值。例如，武术套路中的撑掌侧踹腿，要求动作舒展，手脚配合协调。但是在实战中不能这样打，实战中要求根据敌我距离运用步法，做出垫步侧踹、上步侧踹的动作，并且双手不能成掌，要变成拳，一拳护住肋部，一拳护住下巴。要如此，必须进行专门的实用性的练习。

三、严格要求与区别对待准则

严格要求是指在教学过程中，一定要严把动作质量关，把动作规格放在首位，使学生在思想上重视起来，只有这样才能做到功架整齐、劲力协调。

不同学生在力量、速度、柔韧、灵敏等身体素质方面差别较大，男生和女生之间也存在很大差别。通常情况下女生的柔韧性要好一些，而协调能力要差一些；男生则柔韧性要差一些，协调能力要好一些。体育教育专业的学生还存在运动迁移现象，在体育项目学习中互相影响。在教学中一定要注意学生的个体差异，做到区别对待，不让任何一个学生掉队。

除上述教学准则外，武术教学还应遵循教师的主导作用与学生的主动性相结合准则，直观教学与思维相结合准则，系统性与专题教学相结合准则，巩固提高与训练相结合准则。

第三节　武术的教学特征

一、重视尚武崇德的思想教育

“尚武”的理念是崇尚并参与武术的锻炼及学习，通过武术来进一步强身健体、增强体质，保持坚定的决心，并持续自我提升，培养优秀的攻防技击意识和敢拼敢打的实战作风。“崇德”是崇尚道德、推崇德行，要具备诚信和正直的品质，以及恭敬和谦逊的态度，并严格遵循社会的公共道德准则，恪守文化传统。

武术教学要结合武术的特点和功用，尊重教学规律，重视对学生尚武崇德的思想教育。学生要明确习武目的，端正习武动机；养成虚心好学、苦练不辍的学风，自觉抵制好勇斗狠、倚强凌弱的习武陋习；发扬尊师重道的民族优良传统，尊敬师长，团结同学，自觉培养团队意识，发扬协作精神，加强遵纪守法的道德教育。

二、以拳术套路为基础，重视基本功

拳术套路是所有拳术、器械套路的基础，一般学习器械前必须学习好拳术。学习任何拳种、器械套路都必须练习基本功，只有基本功扎实了，学习套路才能得心应手。任何教学活动都不能离开基本功练习，基本功应贯穿于整个武术教学活动，作为每次课堂教学不可或缺的一部分。

三、重视直观教学，以演示领做为主

在武术普修教学中存在的问题很多。一是学时少，教学内容多。武术普修课上课学时较少，且教学内容比较多，基本上每次课都是新授课。二是武术动作目标多，不对称，往返折叠，路线复杂，比较难记。三是每个动作包含的因素特别多。武术每一个动作都包含外形“手、眼、身、法、步”的协调配合，还包含内在的“精、神、气、意、劲”的统一。因此，在武术教学中，一定要重视直观教学。

教师应多做动作示范，使学生能够有较多的机会模仿、跟做、观察动作；要充分利用录像、图片、互相观摩动作等辅助教学手段，使学生能够建立初步的动作概念。学生也要充分利用网络传播媒介，多看视频，体会动作。

第四节　武术的教学方法

武术的教学方法指的是在武术教学过程中，为了达成教学目标和完成教学任务，师生所采纳的各种不同级别、教与学相互影响的活动方式的统称。武术教学实际上是体育教育体系中的一个重要组成部分，遵循体育教学的一般方法，同时又有其特殊的方法和手段。科学合理地选择和使用武术教学方法，能够提高教师教学效率，减轻学生学习负担，提高教学效果，圆满完成教学任务，达到预期教学目标。

在武术教学过程中最常用的教学方法包括讲解法、口令法、示范法、练习法、比赛法、问题探究法和纠正错误法等。下面对讲解法、口令法、示范法进行介绍。

一、讲解法

讲解法其实是一种由教师运用简洁而生动的口头表达方式，系统、科学地向学生传授武术的基础知识和运动技巧的教学方法。它是一种启发式教学形式，具有较强的针对性和实用性。教师在教学中采用讲解法的时候，应确保目标清晰，语言表达简洁明了、言简意赅，在具有一定启发性的同时，也应该注意讲解的时机及层次；还要求语言速度应适中，抑扬顿挫，用普通话讲解；语言不拖沓，不模糊，不烦琐，注意精讲。

（一）讲解的内容

1．动作规格

讲解动作规格使学生首先得到语言刺激，知道动作的标准，有助于技术的掌握，它是武术技术规范化的关键。

2．动作技法

在讲解动作技法，特别是一些规律性的技法时，教师要善于总结归纳，这样便于学生掌握好技术动作，还能融会贯通。教师可以把所有拳种、器械技术动作进行简单归类，集中讲解，学生学习起来会非常快，且容易掌握。例如，把冲拳、扎刀、刺剑、戳棍、扎枪、前推掌划归为直线向前的进攻性动作，它们都要求转胯顺肩，手从腰间出，力达最远端。

3. 动作易犯的错误

讲解动作易犯的错误可以提醒学生这类动作哪些做法是错误的，帮助学生建立对错观念，预防错误动作的形成。

4. 动作的关键环节

动作中的核心部分与关键环节事实上是形成这一动作的决定性因素。通过详细的动作讲解，学生可以更快速地理解动作的关键点，并迅速掌握动作技巧。例如，侧踹腿动作的关键环节就是“翻胯折叠”。

5. 攻防含义

通过教师讲解动作在攻击和防御方面的含义，学生可以更清晰地理解和掌握动作在实际战场上的用法，同时能准确地掌握动作的关键技巧和使用方法。例如，提膝穿掌动作的攻防含义就是“一手下抹，一手插喉或眼睛”。

（二）讲解的种类

1. 形象化讲解

例如，太极拳的“高虚步亮掌”，教师可形象化为“白鹤亮翅”，鞭杆“转身下穿”可称为“老牛耕地”。还有很多形象化的动作讲解，如“回头望月”“燕子抄水”“大鹏展翅”等。

2. 口诀化讲解

口诀是在武术传承过程中形成的口语化的语言，它们讲究押韵，朗朗上口。

3. 单字化讲解

把武术动作过程精炼为一个字进行讲解，这样有利于学生迅速掌握。例如，侧踹腿“收、翻、蹬”，腾空飞脚“蹬、摆、提、拍”等。

4. 术语讲解

术语讲解是武术教学讲解中经常见到的讲解方法，如“沉肩”“拧腰转胯”“寸劲”等。

二、口令法

口令法是教师运用口令指挥引导学生练习的方法。口令法通常是在学生基本掌握动作方法后进行集体练习时采用的教学方法。口令法应注意口令的节奏和高低起伏；口令的节奏要根据动作的结构进行划分，不是盲目的。

（一）口令的分类

1. 常规口令

常规口令简单来说就是一个动作一个呼号。这是在教学中常用的一种口令形式，不仅适用于基础技能和基础动作的训练，同时也适用于基础套路和初级套路的练习。在训练中要求教师用正确的手势、眼神和面部表情向学生传递指令，以使学生能准确地掌握技术要领并迅速完成各种复杂的技术动作。在执行发力动作口令的时候应该是响亮和有力的，同时在过渡阶段，口令应当是柔和和缓慢的。

2. 提示性口令

提示性口令是指在发出命令之前，使用动作的名称、简洁的词汇术语或其技术特性进行预令的提示。这样可使学生记住动作名称或者动作方法。例如，“格挡冲拳—1，搂手冲拳—2”“击步—1”“脚外摆落地—1、蹬地转胯—2、扣后脚分手—3”等。

3. 单字化口令

单字化口令往往采用动作名称中最具技术特色的一个作为教学指导口令。例如，腾空飞脚要求二次腾空时“下压击响腿头上顶”动作，这时教师会口令提示“顶”。

4. 击掌口令

击掌口令即通过击掌声音提示动作的节奏，在武术腾空动作中经常用到这种方法。

（二）口令教学的位置

口令教学的位置通常是在学生队列的前面，在集体练习时也可变换位置，单人练习时可站在练习位置的一侧进行口令指挥引导。

三、示范法

示范法作为教学方法的一种，主要是教师自己通过一系列动作的具体示范，让学生观看或者作为参考，以此来引导学生学习。在武术教育中，示范法是被广泛采用的一种直观教学手段，它可以帮助学生通过直观的视觉体验来全面和深入地理解动作的外观、动作的执行顺序等。教师正确地示范动作，不仅有利于学生准确地理解和掌握动作要领，还可以加深对动作的印象。同时，动作示范可以有效地激发学生学习武术的热情，并进一步增强他们的自信。示范法最直接的目的就是要尽可能让学生看清楚示范者的动作。根据不同的分类标准，示范法可分成若干种。

（一）示范法分类

1. 以示范面进行的分类

示范面主要是指学生观察教师动作示范的角度或者视角。鉴于武术动作具有多种形式，选择示范法的时候应特别关注示范面的选取。

正面示范法：师生之间面对面站立，两者之间是相对而立的状态。教师向学生进行的正面示范，就是教师在教学的过程中面对学生，做出完全相同的武术动作。在武术教学中教师采用这种方法，可以使师生间保持一种良好的关系，便于相互交流和理解教学内容，同时也有助于提高教学质量。例如，太极拳中的“云手”动作就是非常典型的代表。

背面示范法：武术教师在教学中背对学生展示的方式。该教学方法有助于教师横移或者充分展示和说明背面动作，当运动目标、路线较为复杂，其他示范无法解决时需要采用背面示范法。示范步法时经常采用这种方法。缺点是学生无法看到教师前面的动作。

侧面示范法：武术教师以侧面的方式向学生展示。它除了可以清晰地将侧面动作展示出来，还可以将按照前后方向完成的武术动作充分展现出来，特别是有立圆轨迹的动作教学，如“虚步挑掌”“挂剑”等。

镜面示范法：教师面向学生站立进行的与学生同方向的示范。学生做左，教师做右，就如同照镜子一样。这种示范法适用于简单动作教学，在“卡通操”教学中经常用到。

2. 以示范速度进行的分类

慢速示范法：教师以低于武术正常演练速度进行的示范。这种方法主要有利于学生看清楚动作的各要素，利于学生模仿。慢速示范法在新授课中经常采用。

常速示范法：教师以正常演练速度进行的示范。这种方法主要让学生领会演练速度，牢记动作。常速示范法在学生基本掌握技术动作时经常采用。

快速示范法：教师以高于正常演练速度进行的示范，又称比画动作。这种方法主要让学生回忆动作，重复记忆动作。快速示范法在学生复习技术动作时经常采用。

3. 以示范者进行的分类

教师示范法：即由教师进行的动作示范。这种方法主要用于新授动作教学。

标兵示范法：即由学生标兵进行的动作示范。这种方法主要用于复习动作。

4. 以动作结构进行的分类

分解动作示范法：将复杂动作分解成几个单式动作，或将动作按照身体结构进行上下、左右分解示范。

完整动作示范法：按完整动作的结构进行的示范。

（二）示范法要注意的问题

1. 示范的速度

教师要根据情况用不同的速度进行示范，在遇到动作结构复杂的武术动作时，一定要采用慢速示范法。

2. 分解动作示范的顺序

如果复杂动作需要分解动作示范教学，应采取“先难后易”“先复杂后简单”“先下肢后上肢”的顺序。

3. 示范的距离

示范的距离应适中，让每个学生都能够看到，注意器械使用方法，注意安全。

4. 视线干扰

应注意让学生背向或侧向阳光，背风，背向嘈杂环境。

第五节　武术的教学内容、阶段与环节

一、武术的教学内容

武术的教学内容丰富，包含武术礼仪、套路技术、攻防格斗技术、擒拿技术、武术理论和武术传统文化、武术规则和裁判法等。

（一）武术礼仪

武术礼仪是指武术中各种行礼方法，主要包括武术抱拳礼、持械礼。师生在每次课的开始和结束时都要行礼，学生之间进行武艺切磋及武术表演时也要行礼。这是对学生进行武德教育的重要手段。在武术行礼时，要求动作规范，师生注意力集中，忌讲形式、走过场。

（二）套路技术

套路技术是武术教学中的主要组成部分，武术普修课程中的套路教学内容一般包括初级三路长拳、二十四式太极拳及武术器械。部分武术教材也把当地比较有地域特色的拳种作为武术教学的一部分，如少林拳、太极拳、南拳等。在套路教学中一定要讲解动作的攻防技击含义，并让学生体会、领悟和实践。

（三）攻防格斗技术

武术教学中的攻防格斗技术主要是指武术散打技术，是指运用踢、打、摔等方法，以击败制服对方并保护自己为目的的技击技术。内容包括步法、拳法、腿法、摔法及防守方法。在教学中以基本技术动作为主，注重武德教育，强化重点技术动作。

（四）擒拿技术

擒拿技术即武术四击中的“拿”法，传统武术中将其称呼为“分筋错骨术”。擒拿是运用特殊的技术方法，作用于对方的关节、穴位或身体要害部位，使其瞬间产生巨大的疼痛感并失去反抗能力。擒拿技术按照身体结构分为拿骨（反关节运动）、拿筋（筋的扭转）、拿穴位（穴位的点、压）。擒拿技术简单实用、以弱胜强，特别受学生的喜爱，但要注意在教学和练习中防止意外受伤。

（五）武术理论和武术传统文化

武术理论包括武术技术理论和武术教学理论，它对学生了解武术特点、功用价值及如何提高教学实践能力起到重要的指导作用。对武术传统文化的学习，能够使学生了解武术传统文化特点，继承尚武崇德的优良传统，培养刚健有为的民族文化精神和坚韧不拔的处世态度。

（六）武术规则和裁判法

武术规则和裁判法是实践能力教学的一部分，其目的是培养学生武术比赛的组织、评判能力，提高武术的鉴赏水平。

二、武术教学的阶段与环节

武术套路教学包含于武术教学。武术套路通常由多达数十种不同的动作构成，包括但不限于跳跃、功架等技巧，这些动作涵盖了动作的构造、方向等方面。在传统武术传承过程中，套路学习与演练是在长期功法训练的基础上进行的，也是武术学习的最高形式。当今武术练习采取了现代体育教学理论和方法，对武术的规范化学习无疑是有帮助的。

（一）套路教学的阶段

1．初型概念期

在初型概念期，教师主要运用示范法、讲解法等教学方法，缓慢地领做，使学生初步建立动作的概念，基本弄清动作方向和路线，以及动作在攻击、防御和技击方面的具体内涵。学生在该阶段的显著特征和表现是专业技能不足，身体的控制能力有待提高，大脑皮层形成的动作联系还处于短暂的泛化状态，动作显得僵硬和不协调，甚至还会出现其他多余的武术动作。对此，教师不必苛求，不要过多强调动作的细节，随着练习的增加，这种现象自然会消失。

2．基本成型期

在基本成型期，学生在初型概念期的基础上，进一步掌握动作姿势，力求功架的准确和到位。教师通过正常速度的示范和领做，在练习过程中要求学生能够手、眼、身、步配合协调一致，强调动作的细节和步型的工整。这一时期，大脑中成型的技能信息是不巩固的，可能会出现遗忘或错误，所以在教学中仍要不断给予信息强化和严格要求。

3．连贯定型期

在连贯定型期，教师通过精细的讲解，以及连贯完整的动作示范，结合学生的练习，使学生达到动作连贯、协调、完整，强调动作转换的细节，提高身体自控能力。

4．内外求整期

在内外求整期，使学生领会动作的特点和套路演练的风格。在教师的正确和科学引导之下，学生能够深刻体会并掌握“形神兼备”和“内外合一”的练习方法或者演练技巧，突出武术的特点。

5．巩固定型期

在巩固定型期，要求学生经过反复练习，将前 4 个步骤所掌握的动作逐步巩固定型。这个阶段在练习时要抓住主要环节，及时纠正错误，强化大脑记忆，从而形成正确的动力定型，形成动作的高度自动化。

（二）武术套路教学的步骤

1. 基本功练习

武术基本功是完成技术动作的必备专项素质，它与武术功法有相似之处。基本功的练习方法也和武术功法有相通之处，武术教学中的很多基本功练习方法借鉴了传统功法的训练方法。基本功练习应贯穿于整个武术教学过程。

2. 基本动作和基本技法学习

现代武术中的基本动作和基本技法即传统武术的单式动作。学生首先应学习的内容是武术的基本动作和基本技法，这是构成武术技术动作的最小单位，犹如我们建房的一砖一瓦。武术拳种虽各不相同，但基本动作和基本技法大致相同，不同的是动作的劲力风格不同，这一点要注意。

3. 组合动作学习

现代武术中的组合动作即传统武术的复式动作。它是在基本功和基本动作、基本技法的练习基础上，遵循动作创编规律，由几个基本动作组合而成的。组合动作是套路学习的过渡，只有在组合动作练习熟练后，才能进行套路的分段练习。组合动作没有明确的划分标准，在练习过程中大致形成了腿法类组合、步型功架类组合、跳跃类组合、平衡类组合等。

4. 套路学习

学生在基本功、基本动作和基本技法、组合动作练习的基础上，掌握了一定的基本技术素材后，可以开始学习武术套路，通常先从拳术学习开始。套路不仅仅是基本动作、组合动作的有机串联，整个套路讲究高低起伏、错落有致，讲究闪展腾挪、开合有致；另外，套路还体现了不同拳种的风格特点。这些在练习时都应当注意。

5. 打、练、教结合实践

套路学习使学生熟悉武术套路的攻防含义，清楚套路演练技法与攻防格斗技法的联系和区别，经过针对性练习提高实战能力。看图识图学习能够使学生自学、自练、能讲、能教，可提高学生的教学实践能力。要做到打、练、教结合，三位一体。

针对套路教学的阶段，有两点需要注意：首先，各阶段不是割裂的，而是互相影响，相互促进的；其次，基本功和基本动作的练习不是短时间能够达到要求的，而应贯穿整个武术教学的全过程。

第四章　武术套路教学

武术教学分为武术套路教学和实用攻防技术教学。武术套路教学活动由教师和学生共同参与，以完成既定的套路教学目标。在武术套路教学中运用多种方法进行教学，可以充分发挥各教学法的优点，提高教学效果。为了成功地完成特定的武术套路教学任务，教师需要全面、综合考虑武术套路的技术动作特性、学生的武术基础等多种因素，在武术套路教学的各个不同阶段做出合适选择的同时对教学手段进行更加灵活的运用。

第一节　武术套路教学的特征

武术套路教学除具有体育教学的一般特征外，还具有以下特征。

一、强调动作规格，突出拳种劲力风格

在武术教学的初型概念期，应使学生基本掌握动作的路线、方向；在基本成型期应严把动作规格关，教师通过反复的讲解示范，使学生领会动作要领，体会动作变化细节，反复练习，改善僵硬、不协调等动作，做到“势正招圆”，动作到位。

拳种套路不同，拳种动作的劲力要求不同，技术的劲力风格也不同。劲力成为拳种流派最显著的标志。教师要先熟悉所教拳种套路“走的什么劲、练的什么味”，然后在教学中运用完整教学示范法突出拳种劲力风格的演练教学，提高学生的领悟能力。

二、强调内外兼修，提高演练技巧

武术作为传统的体育项目之一，可以说是内外兼修，其中“内”涵盖了心、神、意等多方面的心理活动及气息的流动，“外”则主要指的是身体动作或者形体活动。外练是手段，内练是目的，要强其外、筑其内，内外协调统一，对整个

人体都有所了解和认识。武术教学中最重要的就是要使学生有正确的身体姿态、良好的心理状态及科学的训练方式。武术教师在教学过程中，应该采用多种策略与方法，对内部与外部的协调合作进行重点强调，以实现身体与心理的全方位有效锻炼。掌握任何技术动作均需要相应的技巧，了解这些技巧可以促进对技术动作的规范掌握。要提高演练水平，应熟练武术的单式动作和复式动作，到达动作自动化阶段；要提高演练技巧，处理好动作之间过渡动作的衔接，做到动作转折迅速，动作路线清晰，表达清楚，还要处理好武术套路演练中的收放、含展、吞吐、攻防等矛盾对立统一关系。只有做到上述几点，才能达到“心动行随”“形断意连”“出神入化”“无招胜有招”的境界。

第二节　武术套路教学的流程与方式

一、武术套路教学的流程

根据学生武术套路的知识、技巧和能力发展模式，同时以“结构—定向”的教学理论为基础，本书将武术套路的技术教学过程划分为动作定向、动作模仿、动作整合、动作熟练 4 个紧密联系的教学步骤。

（一）动作定向

动作定向指的是学生在完全掌握武术套路的动作结构后，在思维中形成动作方向的具体映射过程。它不仅为掌握动作技能提供了一个直观形象的手段，还对提高学生分析问题、解决问题能力有着重要意义。武术套路技术的核心组成部分是武术的技术要素。除了体现单体技术的手法、腿法等之外，还需要具备完成这些技术所需的意识、精神等。因此，要想学好武术，首先就要弄清其主要的动作结构。武术教师在教学中要想让学生更好地理解套路技术动作的结构，就应该重点强调两个方面的内容：首先，在学习武术之前，学生应该对武术动作中的相关技术元素进行充分了解，并且掌握这些技术元素的基本形态和运动方式，同时知道各种不同类型的典型动作及其相应的时空特征，即掌握了这些动作之后如何去运用它们，从而加深他们对武术动作技能形成过程的认识。其次，目的是帮助学生理解典型武术动作中各个技术元素之间的联系和顺序，同时厘清每个典型动作在攻击和防御上的意义与其时间分布之间的联系。

学生在学习武术套路时，只有当他们在脑海中构建了必要的技术元素和典型动作的认知框架后，他们才能够在学习过程中明确知道应该执行哪些动作及如何执行这些动作，原因是这种对技术元素及典型动作的认知结构，就某种程度来说构成了学生学习武术套路技术的重要内在调控机制。因此，在教学过程中教师应该引导学生从“模仿练习”向“自主训练”过渡，即通过引导学生反复地观看武术套路的演练过程，培养他们的想象能力和思维能力。教师在这个阶段，无论是示范还是讲解，均应该是准确、简洁的，同时应该是慢速的，对学生的武术动作和姿势要求不需要非常精确，对他们的要求应该以协调模拟为主。

（二）动作模仿

1．动作模仿及其意义

动作模仿指的是学生在掌握武术动作或行为模式的过程中，所独有的学习形式。武术动作技术在各种项目套路中是一种不可或缺的标准动作，由多个技术元素有序地组成，它为难度动作的发展奠定了基础。除此之外，武术动作技术对学生在学习相似动作时起到了重要的指导作用，同时也是组合动作、分段动作和整体动作的基础组成部分。因此，从某种意义上说，武术动作的学习与训练都离不开模仿练习，这种练习又通常以“动作映象”为主要内容。动作映象在武术动作技术的教学过程中是学生在对教师教授的武术动作方式进行定向的具体过程中逐渐建立的。如果动作映象不清晰、不完整，就无法准确地反映出教师所传授的知识与技能。学生在这个阶段，对于所掌握的武术动作方法还没有足够的实践经验，因此很难准确把握其动作技术在攻击和防御方面的意义。所以，学生所形成的动作映射是否准确、是否全面，以及是否包含技击的相关内涵，还应该在调整相应的动作及模仿期间进行实际的演练检验。

动作模仿是一种让学生通过实际操作来获取效应器官活动反馈信息的方法，这不仅能进一步丰富及完善学生原有的动作映像，还可以使他们练习动作的质量得到大幅度提高。通过一系列的动作模仿，学生大脑皮层中的视觉和听觉分析器与运动分析器，以及运动分析器内的动觉细胞与运动细胞之间，能够建立临时的神经连接。

2．动作模仿阶段学生动作学习的特征

动作速度和质量：学生在动作技术的操作上显得较为迟缓，他们在动作技术的正确性、稳定性和灵活性上都存在不足。

动作结构：学生的动作技术要素大多不够和谐，经常出现偏重某一方面而忽视另一方面的情况；动作过程中出现“三慢”和“三多”等问题，影响教学效果；由于动作的技术要素系列缺乏直观性，他们不擅长将各个子动作整合为一个完整的动作；动作技能发展水平较低，缺乏对各种复杂运动形式和内容的综合分析能力；在动作技术之间，正确的分动作技术顺序经常被混淆，有时甚至会掺杂一些不必要的武术动作。

动作控制：学生经常在视觉的指导和监督下练习，他们的动觉监督效果并不突出；感知的范围、准确度、敏锐度和区分能力都相对较弱；很难在同一时刻感知到大量的信号，并及时察觉错误的武术动作；在分配注意力时经常面临困难，经常出现偏重某一方面而忽视另一方面的情况。

动作自我感觉：当学生学习武术的关键技巧和动作的时候，他们通常情况下会产生紧张的情绪，并容易产生疲惫感。

（三）动作整合

1. 动作整合及其意义

动作整合指的是将武术套路中的各种基础技术元素和动作技巧，通过它们之间的内在联系整合为一个完整的体系。组合技术从某种程度来说是严格按照特定运动规律的多种动作技巧的有机结合，它是武术教师根据不同的对象和任务需求，将徒手或器械中的几种武术动作十分巧妙地连接在一起，最终形成的一种基础技术。在武术套路技术的形成过程中，动作整合是十分关键的环节，这对于学生来说是掌握复杂套路动作的必要条件。因为对于复杂的套路动作而言，演练者不仅需要精确地掌握每一个动作的势式，还需要对套路技术中各个动作之间的动态关系进行深入和全面的理解。因此，一方面，运用组合技术对武术套路进行分析研究，有利于提高学生学习武术套路时的整体意识和综合素质。另一方面，教师不仅能够帮助学生全面掌握动作技术，还能进一步提高各种动作的执行质量，并使动作技术间的协同和衔接能力得到相应提升，从而更好地满足学生对各种动作技术质量的实际需求。

分段技术指的是练习者按照特定的运动路径，认真完成的一系列组合技巧的练习能力。各个不同阶段或环节存在着相对独立且有规律的内在关系，因而它们又具有各自特有的表现形式和特点。分段技术动作之间的动态关联实际上是基于各个动作的攻击和防御意义，以及它们之间的内在联系来确定的特定时序序列，唯有当这种时序序列被确立后，分段技术动作之间的动态联系才可以实现。因此，对某一特定阶段内不同层次的动作进行分析，找出它们与整个过程中其他各段动作之间的相互关系，就能找到相应的训练点。一个动作的执行结果将作为下一个动作的触发信号，这除了体现组合技术在分段技术训练中的实际应用能力之外，还将组合技术间的衔接技巧展现出来。

2. 整合阶段学生动作学习的特征

动作速度与品质：学生在执行组合技术或者分段技术动作的过程当中，速度快或慢，稳定性差，并且在动作技术的某些部分连接时可能会出现停顿。它包括单个技术与组合技术两个方面。在条件保持不变的情况下，学生的动作操作通常比较稳定，然而，如果条件稍有改变，学生就会很难维持动作的稳定性，同时其精确性也很难得到保证。

动作结构：学生动作之间的连接越来越协调，并且可以有意识地将多种动作技巧或组合技巧连接为一个完整的段落，从而尽可能减少动作之间的互相干扰。

动作控制：视觉控制逐渐失去了其主导地位，被动觉控制取代。然而，动觉控制的稳定性较差，当环境条件发生变化的时候，视觉控制首先发挥作用，导致学生的知觉范围逐步拓宽，自我评价的能力也随之增强。

动作的自我感觉：在练习组合技巧和分段技巧套路的过程当中，学生的紧张感和疲劳感虽然有所减少，但没有被完全消除。

（四）动作熟练

1. 动作熟练及其意义

动作熟练是指学生在学习过程中已经掌握了一套完整的套路练习技巧，能够快速适应各种不断变化的环境条件，并在练习过程中持续完善，达到动作的自动化。其中，动作的自动化是指学生在进行完整的套路练习时，他们无须高度的意识来控制动作的连贯性，就可以进行各种思维活动，如掌握、控制和调整技巧。武术套路的完整技巧主要是由三部分组成的，分别是起势、往返段落及收势。动作熟练阶段对于学生来说是掌握完整武术套路技巧的关键时期，同时也是他们将套路练习技巧顺利转变为实际套路练习能力的核心环节。

处于动作的熟练掌握时期，学生需要在勤学苦练中把武术动作与人的身体动作糅合成一体，这样学生的武术套路演练能力才能形成和提高。这是因为人体外部的形体动作受大脑思维活动支配，同时也受到内脏器官功能的制约，仅当内部的物质活动紧密结合的时候，外部的动作才可以将其灵活性和自由度展现出来。

2. 动作熟练阶段学生学习的特征

动作速度与品质：当学生练习完整的套路技巧时，他们的动作非常敏捷，并展现出一定的准确性及稳定性。动作中的劲力、节奏等都逐渐满足了武术套路练习时的精神和形态要求，确保学生在各种环境下均可以完成套路的练习。

动作结构：学生在套路技术动作之间的不协调和干扰已经消失，实现了高度的协调和一致性；成套技术动作节奏流畅，具有强烈的节奏感和韵律美，符合武术套路运动规律；套路中的技术动作在连贯性、整体性和简易性上都得到了进一步增强，无冗余的武术动作；完成套路动作时全身各关节和肌肉群活动充分有效地配合起来，尤其是在套路技巧的练习过程当中可以保持动作的连续性、完整性和适当的施力。

动作控制：视觉的监控能力显著减弱，动觉的调控能力加强；感知的范围、准确度、敏锐度及区分能力都有显著的增强。

动作的自我感觉：当学生练习武术套路的时候，他们的紧张感逐步减退，疲劳感则相对减少。

二、武术套路教学的方式方法

（一）练习法

1. 模仿练习

模仿练习是武术操作技能形成的开端，学生在模仿学习中，将定向映象付诸实践，动作的精确程度对动作映象的检验和巩固起关键作用。模仿练习分为模拟性练习与实际练习，如教师在向学生传授太极拳套路中的“玉女穿梭”动作之前，可先组织学生模拟练习左右架推掌的手臂动作，再带领学生模仿练习“玉女穿梭”的动作。

开始练习时，教师应选择面南背北的方向，以便于学生记忆和钻研动作；教师应把课前培训的学生骨干安排在练习队形的四角，以提高全体学生模仿练习的效果。学生在模仿练习中应熟记动作的方向路线。

2. 变换练习

教师在学生动作熟练阶段的教学中，应有意改变前面教学阶段中的学生练习方向，变换其练习位置，避免学生形成刻板的定型，以培养学生多方位演练武术套路的灵活性。

3. 课外作业

根据教师布置的套路技术练习的数量及标准，学生在课程结束后对他们所学到的组合动作、段落或者套路动作进行及时的复习。

（二）评价法

1. 观察与提问

观察是教师在武术套路教学中，及时了解学生掌握技术动作达到何种程度的最直接方法。首先，在进行观察时，应该有一个十分清晰的目标，先观察什么，然后观察什么，这样的观察应该有一个科学、合理的层次，教师在进行观察的时候应该做到心中有数，要善于发现学生在练习中出现的问题；其次，要给学生及时的反馈和指导，教师在观察时可用简短的语言提示，或在学生练习后及时点评练习中的优缺点，使学生及时了解每次练习的结果，以利于学生自我监控套路练习中的动作质量。

提问是指教师随堂提出问题，学生根据武术套路教学的基本要求和亲身体验，扼要说明对学习内容和套路练习的见解，它是教师了解学生掌握武术知识、技术、技能情况的主要方法。提问的内容应简明扼要，与教师讲解的内容要一致，如武术动作名称、动作要领、攻防方法等。同时，教师要掌握好提问的时机，启发学生回答问题。

2. 抽查与测验

抽查是教师随堂让个别学生独立演练，进而检查其技术动作是否正确、协调，武术套路是否连贯、熟练的一种方法。教师对于接受能力强、武术基础好的学生和接受能力弱、武术基础差的学生均要抽查，以便在教学中抓两头带中间，照顾全班。

测验是教师对学生所学武术套路技术进行阶段考查或学期考核的方法。测验之前，教师应根据武术套路教学的基本要求和教学大纲确定的测验内容或范围，制定评分方法和标准；测验中要以学生现场独立演练的套路水平为依据，做出实事求是的评价；测验后要认真进行教学总结，为改进下一阶段或下学期的教学工作提供依据，不断提高武术套路教学质量，争取取得武术套路教学的最优效果。

3. 教学比赛

在武术套路教学的不同阶段，教师通常会依据教学目标、学习需求和学生的具体状况，以个人比赛、分组推选代表比赛等多种方式来进行教学比赛。这样做的主要目的是不断加强和进一步提升学生在武术套路演练方面的技能，并将教学质量客观地反映出来。这种教学比赛具有一定的竞争性，对于调动学生的练习兴趣与积极性，提高教学质量都有重要作用。教学比赛根据比赛内容可分为基本功和基本动作比赛与套路比赛。教学比赛常采用教师评判或者学生评议与教师评判相结合的方法，评定演练者掌握的套路技术动作质量。

第三节　长拳和南拳

一、长拳

（一）长拳运动基本要求

长拳运动在技术结构层面上可以归纳为8个要素，即身体姿势、躯干旋转、手眼配合、技术方法、精神状态、劲力表达、运动呼吸、动作节奏八个方面的要求。而且这八个方面是互相联系、互相转化和互相影响的，是不可分割的统一整体。

1. 身体姿势正确

长拳运动对身体姿势的要求是非常严格的。身体姿势通常描述的是在完成某一动作后，在静止状态下的固定姿势，如提膝、亮掌等动作，它是由人自身运动所形成的一种动态形态特征。同时，它也涵盖了在空中瞬间保持相对静止的各种姿态。身体姿势不仅能影响运动技能和技术掌握的程度，还可直接反映出人体各部分肌肉的活动情况。身体在静止状态下，长拳的套路内容对身体姿态有着十分严格的标准，通常要求头部保持正直、颈部挺直、肩部下沉、胸部挺起，在上肢动作流畅的同时，下肢的动作要稳固，躯干以腰为轴，配合上肢动作的翻转、曲折、前俯、后仰等，使上肢动作更加舒展。从身体姿势与精神状态上，还应体现出攻防搏斗的含义和一种坚不可摧的精神气质。

2. 躯干旋转敏捷

长拳运动要求身体躯干部位旋转变化灵活自如，运动以腰部为主体，紧密结合攻防的方法，使身体相关部位发生不同程度的变化，这些使身体发生变化的方法称为身法。在长拳演练中，当动作出现定势时，对身体的要求是挺胸、直腰、收腹；当动作在运行过程中时，身体要根据动作的需要，有挺直、旋转、伸缩、展放的变化。而且这些变化不是孤立的个体运动，而是与整个身体的运行及动作攻防含义有着密切联系的。要使身法运用得恰到好处，需要练习者认真琢磨、探究，反复实践体会每个动作的技术要领和攻防方法，使动作技术的转换充分利用腰部的运转力量，发挥腰部的主宰作用。因此，身法的好坏对于每个动作完成质量的高低是十分重要的。

3．手眼配合统一

在长拳演练过程中，眼与手法运动配合的方法称为“眼法”。眼法是体现长拳运动气质与精神的重要因素，眼与手法运动的配合直接影响动作技术演练的质量。如果在长拳运动中不善于运用眼法，动作就显得呆板、无味，没有生气。眼睛和动作的协同方式有很多种，包括注视和随视。其中，注视意味着将目光集中在特定的目标上，如出现静止性的动作定势时，眼神要凝视前方或主要运动的手部。随视是眼睛追随手的运动而运转，要求做到手眼相随，手到眼神到，直至该动作完成。

4．技术方法清楚

长拳的技巧主要涉及武术中的踢、打、摔及拿等动作，它们之间相互联系和制约又各自独立存在，但都由一定的技击形式组成，具有明确的、具体的目的要求，共同体现了套路运动所特有的特征。在完成这些技术方法的时候，必须确保动作的开始和结束路径是明确的，施力是流畅的，技巧是精确的，同时将动作在进攻和防守上的特性充分展现出来。这就需要教师对学生进行科学的教学训练，以保证学生掌握正确有效的技术方法。举例来说，学生在进行“弹腿冲拳”这一动作时，腿弹出来的时候需要先抬起大腿，然后快速地将小腿弹出，在此期间动作需要具备强烈的爆发力，同时还应该伸直腿、绷紧脚面，并将力量延伸至脚尖。另外，学生也应该注意身体平衡和重心位置，使身体达到自然放松状态，这样才能提高击打力量。在进行冲拳动作时，学生的手臂需沿着直线快速旋转并冲出，这种动作需要具备强烈的爆发力，也就是所谓的“寸劲”，同时也要求上肢和下肢的动作紧密结合，形成协同效应，实现从手到脚的“无缝对接”。练习时要注意呼吸与肌肉放松、灵活配合，只有当练习者准确地掌握了动作的技巧和明确的方法，他们的内在精神意识才可以通过这些动作得到充分的展现。

5．精神状态贯注

在学习长拳技巧的过程中，必须保持高度的专注和充沛的情感，具备进攻和防守的战斗意识，同时展现出勇气、敏捷和无畏的英雄风范。练习武术的人都知道，练好拳需要长时间的训练和磨炼，在长期的训练中又会产生一种特殊的精神，那就是“劲”。这样的精神状态在面部表现出来时，应当是含蓄不外露的，面部表情自然舒展。在进攻和防守的每一个动作中，精神状态都应该得到体现，并且应该贯穿于整个运动的过程中，唯有如此才可以让套路演练变得更有气势、更具吸引力。

6. 劲力表达完全

长拳动作的劲力，是指练习长拳术时的运动速度与力量的表现状态。这就要求动作快速、劲力顺达、有刚有柔。在长拳运动中，任何踢打动作，均应该采用劲力——“先柔后刚”，也就是所谓的“寸劲”，以确保力量能够顺利到达动作的着力点，其实这是由人体自身特点和武术套路结构决定的。所以，在长拳的练习中，施力既要有力又不能僵硬，要柔和但不能放松，要做到刚柔并济。这就是长拳运动所强调的技术与呼吸相结合的重要内容之一。同时，还应该尽可能用意识来指导动作的发力，并利用呼吸来辅助动作的有效发力，从而真正做到“内外合一”。这样才能使劲力的发出更加顺达、快速。

7. 运动呼吸协调

在长拳运动中常常有“气要沉”的要求，这就是对“呼吸”的要求。正确的呼吸方式不仅影响到运动技巧的展现和姿势的形成，还涉及劲力的呈现和持续性。所以，在进行武术教学中，必须重视“气”的问题。长拳的套路通常情况下具有十分复杂的结构、迅速的动作和大量的运动，因此在练习过程中对氧气的需求非常高。长期采用单一的呼吸方式，容易使身体各部分肌肉处于过度疲劳状态。如果不能娴熟地掌握及灵活应用“气沉丹田”的腹式呼吸技巧，就有极大的可能导致面部发白、呼吸急促等，从而严重破坏和影响运动的平衡性。如果能根据不同情况采用适当的呼吸方法进行锻炼，则可以提高“气”的呼吸技巧。长拳的呼吸技巧主要包括四种，即“提”“托”“聚”“沉”。特别是在进行跳跃练习或从基础动作过渡到高级动作的过程中，如腾空飞脚、旋风脚等，应采用“提气法”。在静止性动作出现时，如定势动作或平衡动作等，一般采用“托气法”。在刚脆的活动性动作出现时，如冲拳、蹬腿等，应用力呼出相应量的气体，这称为“聚气法”。当从高动作过渡到低动作的时候，可以采用“沉气法”，具体而言是一种被称为“气沉丹田”的腹式呼吸技巧，它能够使胸部和腹部变得更加宽舒、充实和丰满，同时使身体的重心得到恰当降低，从而维持身体的平衡，确保身体的基础更为坚固。尽管上述四种呼吸技巧会随着动作的改变做出相应的调整，但“气要沉”的核心原则始终是不可更改的。

8. 动作节奏明晰

在长拳的动作过程中，动作的速度和力量呈现出一种规律性的交替变化，这种变化被称为动作节奏。动作节奏是长拳技术和战术运用中最重要、最富特色的部分之一，也是提高学生技术水平的主要手段之一。长拳这项运动需要有清晰的节奏，整套动作的演练，既要在快速中进行，又要通过动作的速度与力量的变化，把刚与柔、动与静、轻与重、慢与快等矛盾关系处理好。在长拳运动中，无论是单个动作、组合动作，还是段落之间所表现出的韵律均要恰到好处，这些练习技巧可以将武术运动员的专业能力和素质非常直观地展示出来。同时，对各种演练技法进行分析、总结，可以使学生在训练过程中少走弯路，提高练习效果。在长拳这一运动形式中，唯有通过深入研究和多次体验套路动作的构造特性，以及其在攻击和防御方面的意义，才可以真正有效地将动作节奏完美地展现出来。一个套路动作的节奏处理得不好，就会显得套路动作呆板、无味。所以说在长拳运动中，若无柔和的衬托，就不会有刚劲力量的显现；若无缓慢的动作，那么动作的迅速性就无法得到充分体现。因此，矛盾双方既是相互对立的，又是相互转化与影响的。矛盾双方的关系越充分、越突出，动作节奏就越好。

（二）长拳术的基本技法

1．踢

踢是指用腿脚攻击对手的方法，常用的有蹬腿、弹腿、踹腿、里合腿、外摆腿等。

2．打

打是指用拳掌攻击对手的方法，常用的有冲拳、掼拳、劈拳、抄拳、推掌等。

3．摔

摔是指用手拉脚拌和身体旋转进行搏斗的方法，常用的有抓手臂摔法、抱腿摔法等。

4．拿

拿是指用手法控制人体的要害部位或弱点的一种搏斗技术，常用的有扣压缠腕、别肘压肩等反关节擒拿法。

（三）大学长拳术

大学长拳术套路，由 22 个动作组成，分为两段。套路内容主要包括弓步、马步、仆步、虚步、歇步五种步型，有弹腿、蹒腿、正踢腿等腿法，有冲拳、贯拳、抄拳、砸拳、劈拳等拳法，有穿掌、挑掌、推掌、砍掌等掌法，另外还有缠腕、压肘、顶肘动作。该套路既可单人进行整套动作练习，也可以根据套路动作的攻防结构拆开两人对练。

1. 第一段套路动作及其分解说明

（1）预备势

两脚并步站立。两手臂垂于身体两侧，两手五指并拢，掌心向内贴于腿外侧。目视前方。

（2）丁步亮掌

两手直臂向前上方平举，掌心相对，高与肩平，两手之间的距离约与肩宽。目视前方。

上体稍向右转。右脚提起向右前方上步，两腿屈膝。同时，两掌向下分别以手背拍打大腿前部作响，继而向两侧弧形摆动。目视右侧。

身体重心移至右腿。左脚提起收至右脚内侧，脚前掌着地，成为丁步，两腿屈膝。同时，两手分别从两侧向右肩部前方弧形相合，随之右手臂屈肘向内旋转、抖腕、亮掌，收至右肩前方，略高于肩部，掌心向外，拇指侧向下；左手臂屈肘收至右肩前成立掌，掌指向上，掌心向右。目平视左侧。

动作要点：右脚上步动作与两手背拍打大腿的动作要同时完成，丁步、亮掌、转头的动作协调一致，并挺胸、直腰、肩部向下沉。

（3）格挡弓步冲拳

上体向左转。左脚提起向左前方上步，两腿屈膝成为半马步。同时，左臂屈肘向左前上方格挡，左拳面向上，高与眼眉平；右手握拳屈肘收抱于腰右侧，右拳心向上。目视前方。

左腿屈膝前弓，右腿伸直成为左弓步。同时，左拳屈肘收抱于腰左侧，左拳心向上；右拳向内旋转并向前直臂冲出，右拳眼向上，高与肩平，目视右拳。

动作要点：半马步动作身体重心稍偏于右腿，左脚尖向前稍向内扣。冲拳时腰拧、肩顺、臂急旋，上体略向前倾。

技击方法：左臂屈肘向左阻挡住对方的拳击，右拳冲击其胸部。

（4）弹腿冲拳

左腿独立支撑，右腿屈膝抬起，右脚向前弹出，腿伸直，脚面绷直，高与腰部平。同时，右拳屈肘收抱于腰右侧，右拳心向上；左拳向内旋转并向前直臂冲出，左拳眼向上。目视左拳。

动作要点：弹腿、冲拳的动作要协调一致，弹腿要有爆发力，力达脚尖。

技击方法：左拳阻挡住对方的右冲拳，右脚踢其胸腹部位。

（5）马步冲拳

上体向左转。当右脚向前朝下触地时，脚尖向内弯曲，内扣，双腿弯曲膝盖并半蹲成为马步。左拳弯曲肘部收抱在腰部的左侧，同时左拳的中心指向上方；左脚在右腿后方，脚跟着地，上体稍前倾，两脚同时用力向外蹬伸，使身体重心前移到左腿后上方的水平位置上。右手的拳头向内旋转，然后向前直臂冲出，右手的拳眼朝上，高度与肩膀平齐。目视右拳。

动作要点：马步动作大腿要接近水平、两脚平行、挺胸、塌腰、肩下沉。

技击方法：右拳攻击对方胸以上部位。

（6）提膝搂手

身体的重心转移到左腿上。左腿保持直立的姿态，并将其作为支撑点，右腿弯曲并抬高，右脚向左腿的内侧靠拢，同时脚尖则呈下垂状。同时，右拳变成勾手向内旋转并由前向下画弧向后搂，右勾尖向后，臂伸直；左拳的动作转变为掌朝左、向头上抖腕部明掌，同时掌心朝上，手臂轻微弯曲。将目光投向右前方区域。

动作要点：身体转动与右手搂的动作幅度要小。

技击方法：右勾手拦截对方的侧踹腿。

（7）缠腕震脚冲拳

上体向右转。右脚随转体脚尖外摆向左脚内侧下落地震脚，全脚掌着地，两腿屈膝交叉。同时，右勾手变成掌向前、向上抄起，掌指向上；左手向下握按在右手腕部，随即右手以腕关节为轴向外旋转缠绕握拳，屈肘向下压挫至腹部右侧，右拳心向上。目视右拳。

左脚提起向前迈步，脚尖向内扣落地，两腿屈膝半蹲成为马步。同时，左手握拳向前直臂冲出，左拳眼向上；右手握拳屈肘收抱于腰右侧，右拳心向上。目视左拳。

动作要点：左手抓握住右手腕部位要准确有力，两手合力缠绕动作幅度尽量小，缠腕下挫与右脚踏的动作要同时完成。

技击方法：双手合力擒拿锁住对方右手以控制其手腕部位。

（8）侧踹腿

两脚蹬地起跳，身体向左前方窜起。左腿屈膝提起，右脚向左脚内下方落地，身体重心落于右腿，右腿直立支撑，左脚向左侧踹出，脚高与腰部平。同时，左拳变成勾手向内旋转向下、向后弧形拦截，左勾尖向后，臂伸直；右拳变成掌向右、向上抖腕亮掌架于头右上方，掌心斜向上，臂微屈。目视左前方。

左脚向前下落地，两腿屈膝半蹲成为半马步。同时，左手握拳屈肘向外旋转向前上方抄起，左拳面向上，高于眼眉齐；右手握拳屈肘收抱于腰右侧，右拳心向上。目视左拳。

上体向左后转。左腿屈膝前弓，右腿伸直成为左弓步。同时，左拳随转体向左前直臂冲出，高与肩平；右拳直臂平举于右后侧，两拳眼向上。目视左拳。

动作要点：左、右、左冲拳动作要连贯，转体要迅速。

动作要点；左脚蹬地向左侧跳跃的动作求远不求高，侧踹腿力达脚掌；左脚落地与左拳上抄的动作同时完成。

技击方法：左脚侧踹对方腰部。

（9）震脚贯拳

上体向左转。左腿屈膝收回，随即左脚尖外撇向下落地震脚，右脚向前上步，两腿屈膝半蹲成为马步。同时，左拳变成掌屈肘收于右胸前成立掌，掌指向上；右拳向内旋转向前上方横摆，右拳心向下，高与耳朵齐，臂微屈。目视右拳。

动作要点：震左脚、上右步摆拳的动作要连贯，右脚落地与摆拳的动作要同时完成，摆拳动作幅度尽量小。

技击方法：左手拦截对方拳击，右拳击其耳部。

（10）弓步冲拳

上体向右转。右腿屈膝前弓，左腿伸直成为右弓步。同时，右拳屈肘收抱于腰右侧，右拳心向上；左手握拳向前直臂冲出，左拳眼向上。目视左拳。

左拳屈肘收抱于腰左侧，左拳心向上；右拳向前直臂冲出，右拳眼向上。目视右拳。

技击方法：冲拳攻击对方面部。

动作要点：左、右、左冲拳动作要连贯，转体要迅速。

技击方法：冲拳攻击对方面部。

（11）提膝穿掌

右拳变成掌向下、向前直臂撩出，拇指侧向上；左拳变成掌屈肘向内收至腹前，掌心向下。目视右掌。

上体向右后转。右腿屈膝前弓，左腿伸直成为右弓步。同时，右掌随转体直臂向上、向右弧形环绕劈出，拇指侧向上，高与眼眉平；左手臂伸直下摆至左后方，拇指侧向上，高与肩平。目视右掌。

右掌握拳屈肘收抱于腰右侧，右拳心向上。同时，左手朝上、朝右、朝下进行弧形的挥动，当达到胸前的时候，弯曲肘部并向下施压，使掌心朝下。目光集中在左掌上。

右腿保持直立状态，将其作为支撑点，左腿弯曲并抬高，小腿向内弯曲，脚尖呈下垂的状态。同时，右拳变成掌向前经左手背上直臂穿出，掌心向上，高与眼眉平；左掌屈肘收至右肩前，掌心向下。目视右掌。

动作要点：左腿屈膝抬起与右掌穿出的动作要同时完成，上体可稍向右前倾。

技击方法：右掌穿击对方的面部。

2. 第二段套路动作及其分解说明

（1）仆步穿掌

上体向左转。右腿屈膝下蹲，左腿向左直伸左脚向下落地成为左仆步。同时，左掌向下经左腿内侧向左脚上方穿出，右手臂伸直斜上举，两手拇指侧向上。目视左掌。

动作要点：左掌穿出时两臂伸直成一直线，挺胸，上体稍向前倾。

技击方法：身体重心下降以闪躲对方拳击，左掌穿出以控制对方的左腿。

（2）虚步挑掌

身体重心前移。左腿屈膝前弓，右腿伸直成为左弓步。同时，左掌向前上挑起，拇指侧向上。目视左掌。

上体向左转。右脚向前上步脚前掌虚着地成为右虚步，两腿屈膝。同时，左手向上、向后抡起，随即屈肘握拳收抱于腰左侧，左拳心向上；右掌向下经右腿外侧向前上挑起成立掌，掌指向上高与眼眉平，臂微屈。目视右掌。

动作要点：虚步要做到虚实分明，挺胸、直腰、肩部下沉。

技击方法：左手挑托住对方右小腿，右手挑其右腋下，右脚勾绊住对方左脚外侧，将其摔倒。

（3）歇步冲拳

上体向右转。右脚跟落地踏实脚尖向外撇，左脚跟提起脚前掌着地，两腿屈膝下蹲成为右歇步。同时，右手握拳屈肘收抱于腰右侧，右拳心向上；左拳向内旋转向前直臂冲出，左拳眼向上，高与肩平。目视左拳。

动作要点：冲拳时上体略向前倾，两腿贴紧盘坐。

技击方法：身体重心下降以闪躲对方拳击，右拳击其腹部。

（4）震脚砸拳

身体立起，上体向右转。左脚提起向左侧迈步。同时，左拳变成掌直臂向右摆出，至腹前，拇指侧向上；右拳置于右侧，右拳心向上。目视左掌。

上体向左后转。左腿保持直立状态，将其作为支撑点，右腿弯曲并抬高，小腿向内弯曲，脚尖呈下垂的状态。同时，左掌随转体向上、向左、向下弧形抡出，至腹前下按，掌心向下；右手握拳向右上方抡起，至右肩上方直臂举起，右拳眼向后。目视左掌。

右脚落于左脚内成并步，两腿屈膝半蹲。同时，左手臂外旋掌心向上；右拳外旋向前下用拳背砸击左掌心，高与胸部平，两臂微屈。目视右拳。

动作要点：并步跺脚与拳下砸的动作要同时完成，右拳砸左掌心动作时两手要合力作响。

技击方法：左手擒拿住对方手腕，右拳砸击其肘关节部位。

（5）弓步双推掌

左脚提起在原地下落跺脚，随即右脚提起。同时，两手变成掌屈肘收至腰两侧，两掌心向上。目视前方。

将右脚向前迈出一步，右腿膝盖弯曲呈前弓状态，而左腿则伸直，形成右弓步。双手掌心同时向内旋转，并且向前直臂推出，手掌指向上方，高度和肩部平齐。目光集中在两只手掌上。

动作要点：推掌时要挺胸、塌腰、肩部下沉，力达于掌根部。

技击方法：身体重心向下以闪躲对方拳击，双手推击其胸部。

（6）转身弓步压肘

上体向左转。左腿屈膝，右腿伸直成为左弓步。同时，左手向左平搂随即握拳屈肘收抱于腰左侧，左拳心向上；右手握拳，右手臂屈肘外旋向上、向左弧形下压，右拳心向上。目视右拳。

动作要点：右小臂弧形下压时运行的幅度要小，上体略向前倾。

技击方法：左手握住对方左手腕部，右前臂下压或用拳砸击其肘关节。

（7）格挡冲拳

上体向右转。两腿屈膝成为半马步。同时，右手臂屈肘向右上方格挡，右拳心向左，高与头顶平。左拳向内旋转并向前直臂冲出，左拳眼向上。目视左拳。

动作要点：右手臂阻挡与左拳冲出的动作要同时完成。

技击方法：右手臂屈肘挡住对方拳击，左拳直击其胸。

（8）丁步顶肘

上体向左转。右脚提起落于左脚内侧脚前掌着地成为丁步。同时，左臂屈肘向内旋转并随转体向左侧顶肘，肘部高与肩平，左拳心向下；右拳变成掌，掌心紧贴在左拳面上，掌指向上。目视左侧。

动作要点：左肘击出时前臂托平，两手臂合力，力达于左肘部。

技击方法：身体重心下降以闪躲对方掌击，左肘顺势击其胸、肋部位。

（9）转身拍脚劈拳

上体向右转。将右脚抬起并向右前方迈出一步，右腿弯曲并呈前弓状态，左腿则伸直，形成右弓步。同时，右手掌心随着身体的旋转而向上和向前做出弧形的下劈动作，其高度与眼眉持平，拇指则是侧向上的；左手臂伸直下摆至左后方，左拳变成掌，拇指侧向上，高与肩平。目视右掌。

右手臂向下、向后、向上、向前环绕一周，至右前方直臂平举，拇指侧向上，高与眼眉平；左掌向上、向前、向下、向后环绕一周，至左后方拇指侧向上，高与肩平。目视右掌。

上体向左后转。重心移至左腿并直立支撑；右腿伸直右脚随转体向前上方踢起，脚面绷直。同时，左掌向上直臂举起至额前上方，掌心向前；右掌向下、向前、向上直臂摆起至额前上方与左掌合击，左掌心拍击右掌背，随之右掌迎击右脚背。目视右掌。

上体向右后转。右脚向右侧落地，右腿屈膝前弓，左腿伸直成为右弓步。同时，两掌在头顶上方合击，左掌心迎击右掌背，随之两手握拳由上分别向两侧下劈，两臂伸直，两拳眼向上，右拳高与肩平，左拳高与头顶平。目视右拳。

动作要点：两手臂绕环时自然伸直，肩部肌肉放松，画立圆；拍掌与拍脚的动作要准确，声音清脆、响亮；劈拳与弓步的动作要同时完成。

技击方法：左右手合力拦截对方右拳，右脚踢其胸腹部位。劈拳以攻击对方头部。

（10）虚步砍掌

上体向左转。左脚向前上步，脚前掌着地，两腿屈膝成为左虚步。同时，两拳变成掌向外旋转并向前直臂砍出，两掌心向上，两掌之间距离约与肩宽，高与肩平。目视前方。

动作要点：虚步要做到虚实分明，两掌砍出时肩部要下沉、直腰，两掌同时发力。

（11）收势

上体稍向右转。左脚落实，右脚提起向右前方上步。同时，两掌向下分别以手背拍打大腿前部作响，继而向两侧弧形摆动，两臂伸直。目视右手。

左脚提起向右脚并拢。同时，两掌向内旋转并向前弧形运行，按于身体两侧，掌心向下，两臂微屈。目视左侧。

左脚向前上步，右脚向左脚并拢。同时，两手臂下垂于身体两侧，两手心向内贴于腿外侧。目视前方。

二、南拳

（一）动作名称

1．第一段

预备势：并步抱拳，马步截拳，插步鞭拳，弓步挂盖拳，上步抛拳，弓步挂拳，盖步劈拳，侧踹腿，独立步双虎爪。

2．第二段

弹踢腿，左格冲拳，右格冲拳，单拦勾腿，弓步切掌，弓步虎爪，分爪蹬脚，马步冲拳。

3．第三段

转身马步冲拳，虚步截拳，弓步左抛拳，弓步右抛拳，弓步挂盖拳，弓步盖拳，马步冲拳。

4．第四段

马步劈拳，格挡标掌，弓步冲拳，虚步劈拳，马步冲拳，马步双挂拳，弓步冲拳，虚步推掌冲拳，收势。

（二）动作说明

该套路能体现南拳的风格和技法特点，其动作规范，运动路线清晰，内容突出南拳的基本步型、步法、手型、手法和腿法。全套路分四段，共 33 个动作。该套路动作结构不复杂，具有易学、易记和易教的特点；有强身健体的作用；适应面较广，是南拳初入门者学习的基本套路。

（三）动作分解

1．第一段

预备势：

并腿站立，两臂下垂于身体两侧；目视前方。

两手握拳，屈臂上提抱于腰两侧。

右脚向前上步，左拳变掌与右拳同时提至右肩前，右拳面与左掌心相对；目视左侧。

左脚向前上步，身体左转成为左虚步；左掌与右掌向前屈肘平推至胸前，左掌心向前，右拳心向下；目视前方。

（1）并步抱拳

左掌变拳，双臂屈肘摆至胸右侧；左脚同时向后退步。

右脚向后退步；两臂外旋；两拳经上向前下挂至脸前，拳心向里；目视前方。

左脚向后退步成为并步；双拳收抱至腰两侧，拳心向上；目视前方。

（2）马步截拳

右脚向前迈步；右拳提至右肩前，左掌向前平推；目视前方。

身体右转成为马步；右拳屈肘向前横截，拳与眼平，拳心向左；右掌收至右肩内侧，掌心向右；目视右拳。

（3）插步鞭拳

左脚向右脚后方插步；右臂向左屈肘使右拳摆至左胸前，拳眼向上；左臂向左自然摆动。

右拳向右直臂鞭击，拳与肩同高，拳眼向上；左掌顺势屈肘摆至右肩前，掌心向右；目视右前方。

（4）弓步挂盖拳

身体向左转约 180° 成为半马步。

左脚横跨半步，身体左转成为左弓步；左掌握拳向上、向前、向下成弧线挂拳至左大腿外侧，拳心向里；右拳紧接向上，向前弧线盖拳至身后；目视前方。

（5）上步抛拳

右脚向前上步；右拳由下向前、向上成弧线直臂抛打，拳心向左；目视前方。

左脚继续向前上步；左拳由下向前、向上成弧线直臂抛打，拳心向左；右拳同时由上向后、向下呈弧线抡摆；目视前方。

（6）弓步挂拳

右脚向右上步；左拳上提至头左上方。

身体右转成为右弓步；左拳向下挂拳，拳与下颌同高；右拳屈肘上架至头上方，双拳心相对；目视前方。

（7）盖步劈拳

左脚向前跨步，身体右转；右拳由上向下屈肘劈至腹前，左拳变掌自然下摆至右肘关节内侧；目视前方。

（8）侧踹腿

左掌上摆，右拳同时后摆；右腿从屈到伸向右方踹击；目视右脚。

（9）独立步双虎爪

右脚向下落步并扣脚，身体同时左后转，双手变爪收至腰右侧；目视双爪。

左脚提膝成为右独立步，双爪左右分开，略比肩高，爪心向外；目视前方。

2. 第二段

（1）弹踢腿

左脚从屈到伸以脚尖向前踢至腹前；目视右脚。

（2）左格冲拳

左脚向前落步；左爪握拳向前呈弧线横格；拳与眼同高；右爪握拳收抱腰侧，拳心向下；目视前方。

身体左转，右脚向前上步成为骑龙步；右拳向前冲拳，拳与肩同高，拳心向下；目视右拳。

（3）右格冲拳

右脚向前上步，右臂向前呈弧线横格，拳与眼同高；左拳收抱腰侧；目视右拳。

右脚上步，身体右转成为骑龙步；左拳向前冲拳，拳与肩同高，拳心向下；目视左拳。

（4）单拦勾腿

左脚向前上步，右臂屈肘向左横格，拳与眼同高，拳心向里；左拳变掌屈肘收至右肘关节内侧，拳心向下；目视右拳。

右脚提起，腿从屈到伸以脚背为力点向前上方勾踢；右臂同时向右平扫，臂与肩平，拳心向下；目视前方。

（5）弓步切掌

右脚向前落步成为半马步；双拳以掌摆至身体左侧，右手指向上，左手指向下；目视前方。

身体右转成为右弓步，双掌以掌外侧向前切掌，左手心向上，右手心向下，双臂微屈；目视前方。

（6）弓步虎爪

左脚向前上步成为半马步；左手变爪屈臂下按至左膝上方；右掌变爪收至腰侧；爪心向下；目视前方。

身体左转成为左弓步；右爪向前推爪；目视右爪，同时发声“呜”声。

（7）分爪蹬脚

左脚向前踏步，右爪下摆至前臂上；目视前方。

双爪屈臂分别向左右横拨至双腰侧前，双爪与肩同宽，爪心向前；右脚从屈到伸向前蹬踢；目视前方。

（8）马步冲拳

右脚向前落步，左爪变掌，屈臂向上呈弧线下压，臂与肩同高，右爪握拳收至腰侧；目视前方。

身体左转成为马步，右拳向右前方冲拳，拳眼向上；左掌收至右肩内侧，指尖向上；目视右拳。

3．第三段

（1）转身马步冲拳

左脚向前呈弧线绕步，身体同时左转；左掌屈肘向前上方横拨；右拳收至腰侧；目视前方。

右脚绕过左脚向左上步，身体左转成为马步；右拳同时向左冲拳，臂与肩同高，拳心向下；左掌附于右肩侧，指尖向上；目视右拳。

（2）虚步截拳

左腿后退步，身体右转，右脚尖着地，双臂左右分开，手臂与肩平。

身体左转，重心下移成为右虚步；右手同时屈臂使右拳横截至右胸前，拳心向里；左手自然顺势附于右肘关节内侧；目视右拳。

（3）弓步左抛拳

左脚向右横跨一步成为左弓步；右臂向前上方伸出；左掌握拳向后伸出；目视前方。

左脚向右上步，身体右转，左脚顺势上步成为右马步；左拳随转体之势向上呈弧线抡摆至身体右侧；目视左拳。

（4）弓步右抛拳

左脚向左侧上步，右脚顺势跟进一步，身体左转成为左弓步；右拳随转体之势成弧线向左前上方抛拳，拳心向左；左拳随转体之势呈弧线向下抡摆至身体左侧；目视右拳。

（5）弓步挂盖拳

右脚向前上步成为马步，右臂内旋向下抡摆使右拳收至腹前，拳心向下，左拳向下抡摆；目视右前方。

身体右转成为右弓步；右拳向上、向下、向后呈弧线挂打至身后；左拳向上、向下呈弧线盖拳至左肩前，拳心向下；目视前方。

（6）弓步盖拳

步型不动，右拳向上，向下呈弧线向前盖拳至胸前，拳心向下；左拳变掌屈肘附于右臂内侧；目视前方。

（7）马步冲拳

身体重心后移成为右虚步；左掌向前上方屈肘穿出，略高于眼，掌心向前；右掌顺势收至腰间；目视左掌。

右脚向前上步，身体左转成为马步；右拳向前冲拳，拳心向下；左臂屈肘使左掌附于右肩内侧，目视右拳。

4. 第四段

（1）马步劈拳

身体重心移至右腿，左腿提膝成为独立势；目视左侧。

身体左后转，左脚向右脚退步；左臂随转体之势横拨，右拳由上向下屈肘下劈，拳与肩同高，拳眼向上；左臂屈肘使左掌附于右肩内侧；目视右拳。

（2）格挡标掌

右脚横跨一步成为半马步；右拳变掌收至腹前；目视前方。

身体右转成为右弓步；右掌屈臂横格，左掌向前直臂标掌，与肩同高，掌心向下；目视左掌。

（3）弓步冲拳

左脚向左前方上步成为半马步，右掌与右拳同时交叉收至胸前，左掌在外；目视左前方。

左臂屈肘向下截击，右拳同时收至腰侧，目视左掌。

身体左转成为弓步；右拳向前冲拳，拳与肩同高，拳心向下；左掌握拳收抱腰侧，拳心向上；目视右拳。

（4）虚步劈拳

左脚向前上步，身体右转成为右虚步；左拳随转体之势向上、向前、向下呈弧线劈拳，拳高不过头，拳心向里；右拳手抱腰侧，拳心向上；目视左拳。

（5）马步冲拳

右脚向前上步，左拳变掌向下、向左、向上然后向下盖压；目随掌转。

身体左转成为马步；右拳向前冲拳，拳心向下；左掌附于右肩内侧；目视右拳。

（6）马步双挂拳

步型不变，左掌握拳；双拳屈肘收至腹前，右臂在上，双拳拳心向下；目视右侧。

双拳同进向身体两侧推拳，臂稍屈，略高于肩，拳心向上；目视左拳。

（7）弓步冲拳

左脚横跨半步成为半马步；左拳变掌向下、向后、向上最后向下盖压至肩前，右拳收抱腰侧；目视左拳。

身体左转成为左弓步；右拳向前冲拳，拳与肩同高，拳心向下；左拳收抱腰侧；目视右拳，同时发“嗨”声。

（8）虚步推掌冲拳

右脚稍抬后迅速着地，身体右转，右脚尖着地；左拳变掌与右拳同时收至右肩侧，左掌心与右拳面相对；目视前方。

身体左转成为左虚步；左掌右拳同时屈臂向前平推至胸前，左掌心向前，右拳心向下；目视前方。

（9）收势

左脚向后退步，身体右转；左掌握拳，两拳屈肘收于肩前，拳面相对。

右脚、左脚相继向后退步成为并步；两拳经上向前下挂并顺势收抱于两腰侧；目视前方。

两拳变掌下垂于身体两侧；目视前方。

第四节　太极 24 式

预备姿势：身体自然直立，两脚并拢，两腿自然伸直；两臂下垂，手指微屈，两手垂于大腿外侧；头颈正直，下颌微收，口闭齿扣，舌抵上腭；精神集中，表情自然，双眼平视前方。

一、起式

两脚开立与肩同宽，两臂慢慢向前平举，同时屈膝按掌。

二、左右野马分鬃

在收脚时抱住球，然后向左转出步，弓步分手，后坐撇脚，跟步抱球，右转出步，弓步分手，后坐撇脚，跟步抱球，左转出步，弓步分手。

三、白鹤亮翅

跟半步胸前抱球，后坐并举起手臂，然后虚步分手。

四、左右搂膝拗步

先左转落手，然后向右转动并收脚举臂，接着出步屈肘，弓步搂推，后坐撇脚，跟步举臂，出步屈肘，弓步搂推，后坐撇脚，跟步举臂，出步屈肘，弓步搂推。

五、手挥琵琶

跟随步伐并展开双手，后坐挑掌，虚步合上双臂。

六、左右倒卷肱

双手分开，抬高膝盖，肘部弯曲，撤步的同时错手，后坐时用力推掌（该动作重复 3 次），提膝时肘部弯曲，撤步的同时错手，后坐时用力推掌（该动作重复 3 次）。

七、左揽雀尾

向右旋转时收脚并抱球，向左旋转并迈出步，弓步掤臂，坐后向右旋转并下捋，向左旋转并出步搭腕，弓步向前挤，坐后分手，弓步按下手掌。

八、右揽雀尾

后坐扣脚，右转分手，收脚抱球，右转出步，弓步掤臂，后坐左转下捋，右转出步搭手，弓步前挤，后坐分手，弓步推掌。

九、单鞭

左转扣脚，右转收脚展臂，出步勾手，弓步推举。

十、云手

右转落手，左转云手，并步按掌，右转云手，出步按掌，左转云手，并步按掌，右转云手，并步按掌。

十一、双鞭

落步右转举臂，出步勾手，弓步按掌。

十二、高探马

后坐展手，虚步推掌。

十三、右蹬脚

提脚收手，左转出步，弓步画弧，合抱提膝，分手蹬脚。

十四、双峰贯耳

收脚落手，出步收手，弓步贯拳。

十五、转身左蹬脚

后坐扣脚，左转展手，合抱提膝，分手蹬脚。

十六、左下势独立

收脚勾手，仆步穿掌下势，撇脚弓腿，扣脚转身，提膝挑掌。

十七、右下势独立

落脚左转勾手，仆步穿掌下势，撇脚弓腿，扣脚转身，提膝挑掌。

十八、左右穿梭

落步落手，跟步抱球，右转出步，弓步推掌，跟步抱球，左转出步，弓步推掌。

十九、海底针

跟步落手，虚步插掌。

二十、闪通臂

收脚举臂，出步翻掌，弓步推掌。

二十一、转身搬拦捶

后坐摆掌，收脚握拳，右转搬捶，弓步打拳。

二十二、如封似闭

穿臂翻掌，后坐收掌，弓步推掌。

二十三、十字手

后坐扣脚，右转撇脚分手，收脚合抱。

二十四、收势

旋臂分手，两臂下落，并步还原。

第五节　刀术和枪术

一、刀术

（一）刀的基础知识

1. 刀的部位名称及规格标准

刀分为刀身、刀柄两个部位。刀身部位有刀尖、刀刃、刀背和刀面；刀柄部分包括护手盘、刀托、刀彩绸。刀柄也称“刀把”。

现代武术套路竞赛中规定，刀的长度以手抱刀直臂垂肘的姿势为准，刀尖不得低于本人的耳廓上沿；刀的重量（含刀彩绸），男子用刀不得轻于 0.7 千克，女子用刀不得轻于 0.6 千克；刀的彩绸不得超过刀的长度。少年儿童比赛用刀不受限制，学校武术教学用刀也可适当放宽要求。

2. 握刀方法

（1）抱刀

食指、中指夹住刀柄，手心贴紧护手盘，拇指扣压于护手盘上，无名指、小指靠紧中指握住护手盘，刀背贴于小臂上。

（2）握刀

四指并拢与拇指握住刀柄，虎口贴近护手盘，并与刀背成一直线。

（二）刀术的基本技法

1. 缠头刀

左臂屈肘，左手置于右腋下，掌心向下；右臂屈肘，右手持刀向内旋转，然后向左上方举起，使刀尖呈下垂的状态，刀背沿着左臂、左肩外侧向背后绕行至右肩的外侧，刀刃向外；左掌向左绕行至左侧平举，掌心向下，头部正直。

2. 裹脑刀

右臂屈肘，右手持刀向外旋转，然后向右后上抬起，使刀尖呈下垂的状态，刀背沿着右肩外侧向背后绕行至左肩外侧，刀刃向外；左臂屈肘，左手置于右腋下，掌心向下，头部正直。

3. 扎刀

右手持刀向前直臂扎出，刀尖向前高于肩平；刀向前上方扎出，刀尖高与头顶平；刀向前下方扎出，刀尖高与膝部平、力达刀尖。

4. 劈刀

右手持刀由上向前下劈出，右臂伸直，刀尖向上翘起，力达刀刃；抡劈刀沿着身体右侧或左侧环绕成立圆。

5. 砍刀

右手持刀屈肘向左（右）前上方举起，随之向右（左）下方斜劈为砍，力达刀刃。

6. 撩刀

右手持刀，刀刃由后向下沿身体右侧向前上方撩出，刀刃向上，为正手撩刀；右手臂向内旋转，刀刃沿身体左侧向下、向前撩出，为反手撩刀，力达刀刃前部。

7. 斩刀

右手持刀，刀刃向右或左横向抡出，刀的高度略高于肩部，力达刀刃，臂伸直。

8. 抹刀

右手持刀，刀刃向左或右弧形抽回，为抹刀，高度在胸腹部之间，力达刀刃。

9. 藏刀

右手持刀向后直臂摆起，右手腕翘起，使刀尖向前贴近右膝外侧部位，刀刃向下，刀藏于身体右后侧，为下藏刀；两臂屈肘抱于胸前，右手持刀在左腋下，刀身放平置于左腰后方，刀尖向后，刀刃向外，为平藏刀。

10. 剪腕花

右手持刀以腕部为轴，刀在身体两侧由后向上、向前、向下贴身环绕成立圆，刀刃与刀背要分明。

11. 撩腕花

右手持刀以腕部为轴，刀在身体两侧由后向下、向前、向上贴身环绕成立圆，刀刃与刀背要分明。

（三）大学刀术

大学刀术套路分两段，共计22式。套路中主要刀法有缠头刀、裹脑刀、藏刀、扎刀、砍刀、抹刀、劈刀、撩刀、截刀、斩刀等。

1. 第一段套路动作及其分解说明

（1）预备势

上体正直。两腿伸直，两脚并拢。左手抱住刀，刀刃和刀尖分别朝前、朝上，刀背紧贴在左臂的内侧位置，并且悬挂在身体的左侧；右手臂垂直在身体的右边。目光看向前面。

（2）翻身拍脚

右手臂伸直向右侧平举，右掌拇指一侧向上；左臂稍屈肘，左手抱着刀向上提起置于腰左侧。将目光聚集在右侧的手掌上。

右手掌心朝上，沿着额头前上的方向进行左侧摆动，当到达左肩时弯曲肘部，呈立掌状态，掌指向上；左手抱住刀，向下和向左举起直臂，而虎口则朝上。目光集中在刀柄上。

右脚向右侧上步，右腿屈膝；左脚经右脚后退步，左腿自然伸直，脚前掌着地。同时，右掌向下、向右侧斜上方直臂摆起，右掌心向后；左手抱着刀向下、向右摆动，左臂屈肘收至右胸前，手心向上。目视右手。

身体以两脚前掌为轴向左上翻转，随之两腿伸直，左脚踏实，右脚前掌着地。同时，左手抱着刀，随转体直臂向左、向上、向下环绕成立圆，置于左髋外侧；

右掌向前、向上直臂环绕上摆，至右肩前上方，掌心向前。目视前方。

身体重心移于左腿并支撑；右腿向前直腿摆踢至面部前方，绷脚面。同时，右掌向前迎击拍右脚背。目视右脚。

上体稍向左转。右脚向下落地，右腿直立支撑；左腿随之屈膝抬起，脚尖下垂。同时，左手抱着刀，经左侧向上摆起，经面部前方屈肘收至胸前，手心向里，刀刃向上；右手臂向上举于额前上方接握住刀柄，随之屈肘收至胸前，手心向外。目视左侧。

动作要点：右、左手臂分别向上平举的速度可适当放慢，两手协调配合。插左步与摆臂的动作协调一致。翻身、拍脚的动作要连贯，拍击准确响亮，手脚合力。

（3）弓步藏刀

左脚向左前方落地，两腿屈膝。同时，右手持刀，使刀背贴近左肩部外侧，向身体背后绕行，至右肩后，刀尖向下，刀背贴近后背；左掌向左直臂平摆，掌心向下。目视左掌。

上体向左转。左腿屈膝半蹲，右腿伸直成左弓步。同时，右手持刀，随转体刀刃向前、向左平扫刀，继而右手臂向内旋转屈肘收至左腋下，刀背贴靠身体，手心向下，刀身平放，刀尖向后；左手随之屈肘收至胸前置于右臂上，掌心向下。目视前方。

动作要点：缠头刀、藏刀的动作要连贯、协调，两臂胸前合抱要平举且有向外撑之力。

技击方法：刀平扫以攻击对方腰部或拦截其手中器械。

（4）提膝藏刀

上体向右后转。两腿屈膝半蹲。同时，两手臂分别向左右两侧展开，右手持刀使刀刃向右后平扫刀，手心向下；左掌向左平摆，拇指侧向上。目视刀尖前方。

上体向左转。身体重心向右腿移动，左脚前掌着地成右虚步。同时，右手持刀，臂向外旋转并向上举起，刀背贴近身体后背向左绕行至左肩部外侧，刀尖向下；左掌随之向下、向右屈肘收至右腋下，掌心向下。目视左前方。

右腿直立支撑，左腿屈膝向上抬起，小腿向内扣，脚尖下垂。同时，右手持刀向下、向右后抽拉，右手腕翘起，刀刃向下，刀尖向前置于右膝部外侧；左掌随之向前直臂平推成立掌，掌指向上。目视左掌前方。

动作要点：裹脑、藏刀的动作要连贯协调，裹脑刀的刀背要贴近身体后背绕行，藏刀时上体略向前倾。

技击方法：裹脑刀以拦截对方手中器械。

（5）弓步扎刀

左脚向右前方落地，右脚随之向前绕上步，右腿屈膝半蹲；左腿伸直成为右弓步。此时，右手持刀向前直臂扎出，刀背向上，高与肩平；左掌随之向下、向后平摆，拇指侧向上。目视前方。

动作要点：刀向前直臂扎出时上体略向前倾，但不要低头弓腰。

技击方法：刀扎出以攻击对方躯干部位。

（6）左右抡劈刀

上体向左转，身体重心向左腿移动。右腿屈膝提起，右脚收至左脚内侧。同时，右手持刀，使刀刃向左、向前斜下方抡劈出，继而举于左肩上方，刀刃向上；左掌收至右小臂内侧，掌指向上。随之右脚向左前方绕上步，脚跟先落地，脚尖向外撇。目视前方。

上体向右转。身体重心移于右腿，右腿直立支撑；左腿屈膝，左脚提起向后摆。同时，右手持刀，使刀刃向前、向右斜下方劈出，至右腿外侧刀尖斜向下；左掌向左上摆，掌心向外。目视右前方。

上体向右转。左脚经右脚前绕过落于右侧，两腿交叉。同时，右手持刀向右、向上、向左抡刀下劈，刀尖向上翘；左掌随之屈肘收至右小臂内侧，掌指向上。目视刀尖前方。

上体向右后翻转。右脚提起向前进半步，全脚掌落实，右腿屈膝半蹲；左腿伸直成为右弓步。同时，右手持刀随转体向上、向右、向前方抡刀下劈，刀尖向上翘；左掌随之向左斜上方摆起，掌心向上。目视前方。

动作要点：整个动作要连贯、协调，弓步劈刀上体可略向前倾，力达刀刃。

技击方法：抡劈刀以攻击对方手臂部位或拦截其手中器械。

（7）跳步提膝截刀

上体稍向左转，身体重心向后移。左腿直立支撑；右脚提起向后退步，脚前掌着地。同时，右手持刀，手臂向外旋转，使刀刃领先向上、向左侧抡刀劈出，刀尖向上翘；左臂屈肘，左掌收至右小臂内侧，掌指向上。目视左前方。

上体向右转。右脚向右前方上步，随即蹬地向前起跳；左腿屈膝抬起，小腿向内扣，脚尖下垂，身体腾空。同时，右手持刀，手臂向内旋转，使刀刃向下、向右前方截出，刀尖高与腹部平；左掌直臂向下、向后摆出，拇指侧向上。目视刀刃前方。

动作要点：身体腾空向前跳跃，求远不求高，并与刀的动作协调一致，刀向前截出时上体略向前倾。

技击方法：刀拦截对方器械或攻击其手臂部位。

（8）马步扎刀

右脚、左脚依次向前落地，左腿直立支撑；右腿屈膝抬起，脚尖下垂。同时，右手持刀使刀尖向左、向上抄起，随之右臂屈肘向外翻转并向前反手摆压，右手心向上，刀刃向左，刀尖斜向前下方，高与腹部平；左臂屈肘，左掌收于右小臂内侧，掌心向下。目视刀尖前方。

右脚向前落地，两腿屈膝半蹲成为马步。同时，右手持刀向前直臂扎出，刀尖高与肩平，刀刃向下；左掌向左直臂平举，拇指侧向上。目视刀尖前方。

动作要点：刀环绕立圆摆压与右腿屈膝提起的动作协调一致，刀扎出时两臂伸直平举。

技击方法：刀扎出以攻击对方躯干部位。

右脚向前落地，两腿屈膝半蹲成为马步。同时，右手持刀向前直臂扎出，刀尖高与肩平，刀刃向下；左掌向左直臂平举，拇指侧向上。目视刀尖前方。

动作要点：刀环绕立圆摆压与右腿屈膝提起的动作协调一致，刀扎出时两臂伸直平举。

技击方法：刀扎出以攻击对方躯干部位。

（9）歇步下砍刀

左脚提起向右脚后退步，两腿交叉。同时，右臂屈肘，右手持刀向外旋转，使刀背靠近右肩外侧并向身体背后裹绕至左肩外侧，刀尖向下；左掌屈肘收至右腋下，掌心向下。目视左侧。

两腿屈膝下蹲成为右歇步。同时，右手持刀，刀刃向右斜下方砍出，刀尖向前；左掌随之向左斜上方摆起成亮掌，掌心向上。目视刀刃前方。

动作要点：退步、歇步与刀的动作要连贯、协调。砍刀的着力点是刀刃中前部位。

技击方法：砍刀以攻击对方下肢部位或截击其手中器械。

（10）虚步平抹刀

上体向左转。右脚向右侧后撤步，两腿屈膝。同时，右臂屈肘，右手持刀向内旋转并向前、向左缠绕至左肩外侧，刀背贴近身体，刀尖向下，刀刃向外；左掌屈肘向下落至胸前，掌心向下。目视左前方。

上体向左转拧。身体重心移于右腿并屈膝半蹲，左脚前掌着地，成为左虚步。同时，右手持刀向背后缠绕，经右肩外侧向前平摆抹刀，手心向上，刀刃向左，刀尖高与肩平；左掌随之向前、向左后平摆，掌心向上，略高于肩部。目视刀尖前方。

动作要点：缠头、抹刀的动作要连贯、协调，缠头刀的刀背要贴近后背；抹刀的刀身放平。

技击方法：抹刀以攻击对方手臂或拦截其手中器械。

（11）震脚上步扎刀

上体稍向右转。左脚提起与右脚并拢跺脚，两腿屈膝半蹲。同时，右手持刀向内旋转，屈肘收至腰部右侧，刀背向上，刀尖向斜前下方；左掌随之向右，以掌心拍击刀身内侧作响，屈肘置于右肩前，掌指向上；目视刀尖前方。

上体稍向左转。左脚向前迈步，左腿直立支撑；右腿伸直，右脚前掌着地。同时，右手持刀向前直臂扎出，刀尖高与肩平，刀刃向下；左掌向左后方平摆，拇指侧向上略高于肩。目视刀尖前方。

动作要点：左手拍击刀身与跺脚的动作协调一致，同时作响。刀扎出时身体挺拔、略向前倾。

技击方法：刀扎出以攻击对方躯干部位。

2.第二段套路动作及其分解说明

（1）转身缠头刀

上体向左转。右脚提起向前上步，脚尖向内扣；左脚提起向右脚内侧并拢，继而两脚以前脚掌为轴，两腿直立，随即身体继续向左后转动。同时，右手持刀向内旋转并向左上方举起，经左肩外侧向身体背后缠绕，至右肩后刀尖向下；左掌屈肘收至胸前继而向左平摆，掌心向下。目视左掌前方。

左脚向前上步，左腿屈膝半蹲；右腿伸直，成为左弓步。同时，右手持刀使刀刃向前平扫，继而右手臂向内旋转屈肘收至左腋下，刀刃向外，刀尖向后为藏刀；左掌屈肘收至胸前，置于右臂上，掌心向下。目视前方。

动作要点：上步、转身、缠头、藏刀的动作要连贯，缠头刀的刀背贴近脊背绕行。

技击方法：刀缠头以拦截对方手中器械。

（2）腾空踹腿扎刀

左脚蹬地，左腿屈膝抬起，左脚尖下垂；右腿直立支撑。同时，右手持刀向内旋转，使刀刃向右弧形平抹出至右前侧，高与腰部平，刀尖向前，刀刃向右，右手心向下；左掌向内旋转并向左后弧形摆出，掌指向斜前方，掌心向下，高与腰部平。目视前方。

左脚向前落地，随即左脚蹬地起跳；右腿屈膝提起，右脚向右前方踹出脚尖向内扣。身体腾空。同时，右手持刀向右前方直臂扎出，刀刃向下，刀尖高与肩平；左掌向前摆起至右肩前，掌指向上。目视刀尖前方。

身体在空中向左后转。随即左、右脚依次落地，左腿屈膝；右腿伸直，成为左弓步。同时，右手持刀，手腕向内扣转动，继而以刀尖向左前直臂扎出，刀刃向下，刀尖高与肩平；左掌向左后直臂平举，拇指侧向上。目视刀尖前方。

动作要点：身体腾空踹腿与刀扎出的动作协调一致。双脚落地成为弓步与转身刀扎出的动作同时完成，刀扎出要平直，力达于刀尖。

技击方法：刀扎出以攻击对方躯干部位，踹腿以攻击对方腰腹部或击落其手中器械。

（3）上步撩刀

上体向右转。右腿屈膝半蹲并支撑；左腿屈膝提起，左脚收至右脚内侧，脚尖虚着地，成为丁字步。同时，右手持刀手臂向内旋转屈肘架于头上方，刀尖向左，刀刃向上；左掌向上经面部前方向右摆出，至右肩前成立掌，掌心向右，掌指向上。目视左前方。

上体向左转。左脚提起向左前方弧形上步，脚尖稍向外撇，随之右脚提起向前绕上步，右腿屈膝半蹲，左腿伸直。同时，右手持刀，使刀刃经身体右侧向下、向前弧形上撩，刀尖高与腹部平；左掌向下、向左上摆出至左肩上方成亮掌，掌心向上。目视刀尖前方。

左脚提起向右脚并拢，两腿直立。同时，右手持刀，使刀刃向上、向左后方抡劈出，至左肩外侧，刀尖向上，高于肩部平；左掌屈肘收至右小臂内侧，掌心向下。目视刀身。

右脚提起向后退步，右腿伸直，左腿屈膝成为左弓步。同时，右手持刀向内旋转使刀刃向下、向前反手上撩出，虎口一侧向下，刀刃向上，刀尖高与腹部平；左掌向内旋转并向下、向后直臂摆出，拇指侧向下。目视前方。

动作要点；做弧形上步动作时左、右脚也可各上两步。撩刀的刀身贴近身体环绕成立圆，力达刀刃。

技击方法：刀撩出以攻击对方手臂部位或拦截其手中器械。

（4）扣腿劈刀

上体向右后转。右腿屈膝半蹲并支撑；左腿屈膝提起，左脚收至右腿后，脚背扣紧右膝后窝。同时，右手持刀向上、向右弧形下劈，刀尖向上翘起，高与头顶平；左掌向下经左腿外侧向上摆起至左肩上方成亮掌，掌心向上。目视刀尖前方。

动作要点；左脚扣紧右膝窝，劈刀着力点在刀刃中前部位，整个动作要协调稳定。

技击方法：劈刀以攻击对方手臂部位或截击其手中器械。

（5）仆步扫刀

左脚向左侧落地，左腿屈膝，右腿伸直。同时，右臂屈肘，右手持刀向外旋并向右上方举起，刀背贴近右肩向后过头、向左裹绕至左肩外侧，刀尖向下，刀刃向外；左掌向左、向下运行，继而屈肘收至胸前，掌心向下。目视左侧。

左腿屈膝下蹲，右腿伸直平铺成为右仆步。同时，右手持刀向右直臂扫出，刀刃向后高过踝部；左掌向左直臂摆出，高过头顶，拇指侧向上。目视刀尖。

动作要点：刀扫出时挺胸直腰，上体略向前倾，手臂、肩与刀在一条直线上。

技击方法：刀扫出以攻击对方下肢部位或截击其手中器械。

（6）上步拦截腾空扎刀

左脚向前上步。同时，右手持刀向外旋转，使刀刃向上、向左弧形拦截至左前上方，刀刃向上；左臂屈肘，左掌收至右臂内侧，掌心向下。目视刀刃前方。

右脚向前上步。同时，右手持刀向内旋转，使刀刃向下、向右弧形拦截至右前下方；左掌附于刀背上，掌心斜向下。目视前方。

右脚蹬地向前蹿出，右腿伸直；左腿屈膝抬起，脚尖下垂。身体腾空。同时，右手持刀先收至腰右侧，继而向前扎出，刀背向上，刀尖高与胸部平；左手臂向左侧伸直平举，拇指侧向上。目视前方。

动作要点：刀的左右拦截与扎出的动作要连贯协调，身体腾空时上体略向前倾，但不要低头、弓腰。

技击方法：刀扎出以攻击对方躯干部位。

（7）回身望月劈刀

右、左脚依次向左前落地。同时，右手持刀向内旋转并向下经左侧向上抡起至左肩上方，刀刃向上，刀尖向左；左手臂屈肘收至右小臂内侧，掌指向上。目视左前方。

右脚向左前方绕上步，右腿直立支撑；左腿屈膝，小腿向后撩起，绷脚面。同时，右手持刀向上、向右侧劈出，刀尖向上翘，高与头顶平；左掌向上举起，架于头部左上方，掌心向上，呈望月平衡式。目视刀身。

动作要点：两脚沿着弧线上步，后撩腿与劈刀的动作要同时完成，刀劈出时上体向右后转拧。

技击方法：劈刀以攻击对方上肢部位或拦截其手中器械。

（8）腾空转身劈刀

上体向左转。左脚向左前方落地，脚尖稍向外撇。同时，右手持刀向内旋转并向左前方摆出，刀刃向外，刀尖向下；左手臂屈肘收至胸前，掌心向下。目视左前方。

左脚蹬地跳起，右腿向前摆起，身体腾空并向左后转体 180°。同时，右手持刀随转体向左上方举起，使刀背贴近左肩外侧，经身体背后过头缠绕至右肩后，刀背贴近身体后背，刀尖向下；左掌随转体向左平摆，掌心向下。目视前方。

身体腾空后，右、左脚依次落地，两腿屈膝半蹲。同时，右手持刀向前、向左下方斜劈出，然后手臂向内旋转屈肘收至左腋下，刀背贴靠身体，刀尖向后；左掌向下、向后摆，随之屈肘收至胸前贴扶在右臂上，掌心向下。目视前方。

动作要点：身体上蹿腾空转体与缠头刀的动作协调一致，落地与劈刀同时完成，整个动作要连贯。

技击方法：劈刀以攻击对方手臂部位或击落其手中器械。

（9）并步斩刀

上体向右后转。左脚向前上步，脚尖向内扣；右脚向左脚并拢，两腿直立，并以两脚前掌为轴转动。同时，右手持刀随转体使刀刃向前、向右平扫（斩）；左掌随之向左平摆，掌心向下。目视刀身。

动作要点：刀向右平扫时上体稍向右前倾，身体挺拔，力达刀刃前部。

技击方法：刀平扫以攻击对方上肢部位或截击其手中器械。

（10）退步交接刀

上体向右后转。右脚向后退步，两腿屈膝。同时，右手持刀，屈肘向外旋转并向右上方举起，使刀背贴近右肩并向背后绕行过头至左肩外侧，刀刃向外，刀尖向下；左掌屈肘收至胸前，掌心向下。目视左前方。

上体向右转。右手持刀向右下运行至腰部右侧，右手心向下，刀刃向外；左掌向外旋转，掌心向上，接握住刀盘。目视刀身。

上体向左转。右腿直立支撑；左腿伸直，左脚提起向前落地，脚前掌轻着地，成为高虚步。同时，左手抱住刀向上、向左弧形摆动，至左侧直臂平举，刀刃向上；右手臂向上举起至右肩上方，成亮掌，掌心向上，右臂稍屈肘。目平视左侧。

动作要点：整个动作要连贯协调，高虚步亮掌动作身体挺拔舒展。

（11）收势

身体重心向前移。左脚跟落地踏实，右脚向右前方上步，随之左脚向右脚并拢，两腿直立。同时，左手抱住刀向下摆至左侧方；右手臂向外旋转经前向右下摆动，随之向内旋转，右掌按于右侧，掌心斜向下，两手臂稍屈肘。目平视左侧。

左脚向前上步，右脚向左脚并拢，两腿直立。同时，左手抱住刀手臂自然下垂至身体左侧，刀刃向前；右手臂自然下垂至身体右侧，手心向内。目平视前方。

二、枪术

（一）枪的基础知识

1. 枪的构造及其部位名称

枪体由枪头、枪杆和枪缨三个部分组成。枪头是用金属锻造呈棱形带尖的物体，一般长约为15厘米；枪杆多以坚韧圆木制成，如白蜡树干或枝条，枪杆可分三段，即后段（把段）、中段、前段（梢段），各段长分别占枪杆全长的三分之一；枪缨则系扎在枪头与枪杆相接处的位置，也称为“红缨”，其长度不得短于20厘米。

2. 枪的规格标准与握枪方法

武术竞赛用枪，其长度不得短于本人直立举臂从脚底到手指端的长度，枪杆中线以下部位的直径规定与棍相同。学校武术教学和群众健身练习用枪可放宽要求。

握枪的方法通常有单手握、顺手握、对把握三种，要求同棍。持枪时右手握于枪把末端为后手，左手握于枪杆中段为前手，两臂屈肘，枪杆紧靠腰腹部位。

（二）枪术的基本技法

1. 拦枪

两手虎口顺向枪头握住枪杆，枪尖沿着逆时针方向画弧，上弧线不高于头顶，下弧线不低于胯部。

2. 拿枪

两手虎口顺向枪头握住枪杆，枪尖沿着顺时针方向画弧，上弧线不高于头顶，下弧线不低于胯部。

3. 扎枪

两手虎口顺向枪头握住枪杆，使枪头直出，力达于枪尖，两手相合贴紧。扎枪可分上、中、下三个方位，上扎枪枪尖高不超过头顶，低不超过肩部；中扎枪枪身必须保持水平；下扎枪枪尖高不过膝部，低不触地。

4. 劈枪

两手虎口顺向枪头握住枪杆，使枪头由上向下用力抡出，力达于枪头。

5. 点枪

两手虎口顺向枪头握住枪杆，使枪尖由上向下短促用力，力达于枪头。点枪法可分上、中、下三个方位，上点枪枪头高不超过头顶，低不超过肩部；中点枪枪头高不超过肩部，低不超过胯部；下点枪枪头高不超过膝部，低不触地。

6. 崩枪

两手虎口顺向枪头握住枪杆，使枪尖由下向上或向左右短促用力弹出，枪杆颤动，力达于枪头。枪崩的方法可分上、中、下三种：枪向上崩出，枪尖高不超过头顶；枪中平崩出，枪尖高不超过胸部，低不超过腰部；枪向下崩出，枪尖高不超过膝部，低不触地。

7. 拨枪

两手虎口顺向枪头握住枪杆，使枪身向左右摆动，幅度不宜过大。拨枪法可分上、中、下三种：上拨枪的枪尖稍高过头顶；中拨枪的枪尖高不超过肩部，低不超过腰部；下拨枪的枪尖高不超过膝部、低不触地。

8. 摔枪

两手虎口顺向枪头握住枪杆，使枪身由上向下平直落地，要求快速有力。

9. 立舞花枪

两手持枪中段，使枪把头或枪梢沿着身体左侧或右侧，由上向前、向下、向后贴近身体环绕成立圆，动作要快速连贯。

（三）大学枪术

大学枪术套路共计 22 个动作，分为两段。它的主要枪法有拦枪、拿枪、扎枪、挑枪、拨枪、点枪、崩枪、劈枪、舞花枪，主要步型有弓步、马步、仆步、虚步、歇步，另外还有腾空、翻身和跳跃动作等。

1. 第一段套路动作及其分解说明

（1）预备势

两腿直立，两脚并拢。右臂屈肘，右手握枪把端，使枪身直立于右前方，枪尖向上；左手臂下垂贴于左腿外侧，手心向内。目平视前方。

（2）并步前点枪

左手变成掌，由左侧向上举起，经额前上方向右握枪杆中段，手心向里。目视左手。

两腿伸直，两脚跟提起。同时，左手持枪向下滑至右手上端握牢，右手持枪向前上推送，两手使枪尖向前下方点出，枪头高与膝部平，两臂伸直。目视枪头。

动作要点：左手举起握枪与枪向前点出的速度可适当放慢，身体要挺拔，枪点出时上体稍向前倾。

（3）弧形步云拨枪

上体向左转。左、右脚依次向左前方弧形上步，左脚尖向外撇，右脚尖向内扣，两腿屈膝。同时，右手握枪把向上举起，至右肩上方；左手握枪向前滑动至枪杆中段握牢平举，两手使枪头向左侧上方弧形平拨出。目视枪头。

上体向后仰。左、右脚依次向前弧形上步，左脚尖向外撇，右脚尖向内扣，两腿屈膝。同时，两手持枪在头上方使枪尖向左、向后、向右弧形拨出，两臂交叉，左臂在上，枪头高与肩部平。目视枪头。

动作要点：左、右脚上步动作与枪的云拨动作要协调一致，上步（共 4 步）动作要快捷、轻灵、稳健、连续，枪的云拨动作要舒展有力，力发于腰，达于枪头。

（4）提膝拨枪

上体向左转。身体重心移于右腿并直立支撑；左腿屈膝抬起，小腿向内扣，绷脚面。同时，右臂屈肘，右手握枪把收于右肩前；左手握枪向前滑动至枪杆中段握牢，两手使枪向左后下方拨出。目视枪头。

左脚向左落地，左腿伸直，右腿屈膝。同时，两手握枪，使枪向左前拨出。目视枪头。

动作要点：枪拨动时枪身贴紧身体，动作舒展，力发于腰。

技击方法：枪拨动作以拦截对方手中器械。

（5）退步拦枪、拿枪、扎枪

右脚提起向左脚后方退步，两腿交叉。同时，右手握枪把向内旋转翻腕，左手握枪外旋扣腕，两手使枪尖沿着逆时针方向向上、向左、向下弧形转动成为拦枪的动作，枪头高与肩平。目视枪头。

左脚向左侧横跨一步，两腿屈膝成为半马步。同时，右手握枪把向外旋转扣腕，左手握枪内旋，两手使枪尖沿着顺时针方向向上、向右、向下弧形转动成为拿枪的动作，枪头高与腰部平。目视枪头。

左腿屈膝半蹲，右腿伸直成为左弓步。同时，右手握枪把向前推送，左手握枪托平，两手使枪向前平直扎出。目视枪头。

动作要点：退步与拿枪的动作要协调一致。在做枪的拦、拿动作时，枪身要贴紧腹部，并尽量与腰部发力配合，枪头缠绕圆圈直径大约为30厘米。枪扎出时枪身、肩臂要成一直线，力达枪尖。

技击方法：枪的拦、拿动作为防守技术，以击落对方手中器械。

（6）上步拦枪、拿枪、扎枪

身体重心后移，两腿屈膝成为半马步。同时，右手握枪把向后抽拉至腰右侧，左手顺势滑至枪身中段握牢。目视枪头。

右脚向左前方上步成盖步。同时，右手握枪把向内旋转翻腕，左手握枪外旋扣腕，两手使枪尖沿着逆时针方向向上、向左、向下弧形转动成为拦枪的动作。目视枪头。

左脚向前上步，两腿屈膝成为半马步。同时，右手握枪把向外旋转扣腕，左手握枪内旋，两手使枪尖沿着顺时针方向向上、向前、向下弧形转动成为拿枪的动作。目视枪头。

左腿屈膝半蹲，右腿伸直成为左弓步。同时，右手握枪把向前推送，左手握枪滑动托平，两手使枪向前平行扎出。目视枪头。

动作要点：拦枪、拿枪的动作力发于腰，扎枪力达枪尖。

技击方法：与“退步拦枪、拿枪、扎枪”的方法相同。

（7）震脚扣腿撩把

右脚提起收至左脚内落地跺脚，两腿屈膝半蹲。同时，右手握枪把向后抽拉，左手握枪顺势向前滑动至枪杆前段握牢。目视枪头。

右脚提起向前上步，右腿屈膝半蹲；左脚提起扣于右膝后窝部位。同时，右手握枪向枪身中段滑动，两手使枪把端向前、向上撩起，高与肩平；左臂屈肘，左手握枪收至胸前。目视枪把。

动作要点：右脚提起向下震地与向后抽拉枪的动作要一致；枪把撩出的动作与左脚紧扣右膝窝的动作协调一致。

技击方法：撩把动作以攻击对方腹部或截击其手中器械。

（8）弓步拿枪、扎枪

上体向左后转。左脚向左前落地，两腿屈膝成为半马步。同时，右臂屈肘，右手向枪把处滑动握牢，继而收至右侧并向外旋转；左手向枪杆中段滑动握牢，并向内旋转扣腕，两手使枪尖沿着顺时针方向向上、向右、向下弧形转动成为拿枪的动作。目视枪头。

左腿屈膝半蹲，右腿伸直成为左弓步。同时，右手握枪把向前推送，左手握枪向右手处滑动托平，两手使枪向前平直扎出。目视枪头。

动作要点：转身拿枪时枪身贴于腹部，并借助腰的力量，扎枪力达枪尖。

技击方法：扎枪动作以攻击对方躯干部位。

（9）扣腿点枪

上体向右转。右腿屈膝半蹲，左腿伸直。同时，右手握枪把向后抽拉至右肩上方，左手顺势向枪杆中段滑动握牢。目视左前方。

上体向右后转。左脚向前上步，左腿直立支撑；右腿屈膝提起，右脚扣于左膝后窝。同时，左手持枪随转体向上、向前抡出，并滑动至右手近处握牢，两手使枪尖向上、向前弧形点击，枪头高与腹部平。目视枪头。

动作要点：枪头向前下方点出动作时两手腕同时短促发力，力达于枪尖。

技击方法：枪头点出以攻击对方手臂或击落其手中器械。

（10）提膝崩枪

右脚向后落地，右腿直立支撑；左腿屈膝提起，绷脚面。同时，右手握枪把向后抽拉按于腰右侧，左手顺势向枪杆中段滑动握牢，两手使枪尖向上崩，枪头高与头顶平。目视枪头。

动作要点：两手使枪尖向上崩出与独立提膝的动作要协调一致，用力短促，力达枪尖。

技击方法：枪尖崩出以攻击对方手臂或击落其手中器械。

（11）纵身跃步拦枪、拿枪、扎枪

左脚向前落地，随即蹬地纵身向前蹿起，右腿向前摆起，身体腾空。同时，右手握枪把向内旋转翻腕，左手握枪外旋扣腕，两手使枪尖沿着逆时针方向向上、向左、向下弧形转动成为拦枪的动作，枪尖高与肩部平。目视枪头。

右、左脚依次落地，两腿屈膝半蹲成为半马步。同时，右手握枪把向外旋转扣腕收至腰右侧，左手握枪内旋转向下按，两手使枪尖沿着顺时针方向向上、向右、向下弧形转动成为拿枪的动作，枪杆贴于腹部，枪头高于枪把。目视枪头。

身体重心前移。左腿直立支撑，右腿伸直顺势向后摆。同时，右手握枪把向前推送，左手托枪滑动至右手近处握牢，两手使枪向前平直扎出。目视枪头。

动作要点：身体向前腾空跃起、挺身与拦枪的动作协调一致，枪杆紧贴于肩胸部；两脚落地与拿枪动作要同时完成，拦、拿动作力发于腰。扎枪时上体挺拔向前倾，枪身、肩臂要成一直线。

技击方法：扎枪动作以攻击对方躯干及以上部位。

2. 第二段套路动作及其分解说明

（1）跨越步劈枪

右脚向前落地，随即蹬地起跳，左脚向前跨出，右腿自然后摆，身体腾空。同时，左手持枪向枪杆中段处滑动握牢，并向后、向上摆起；右手握枪把顺势向右前方推举，两手使枪头向左、向后、向上弧形上摆，两臂伸展开。目视前方。

左、右脚依次向前落地踏实，两腿屈膝，左脚跟抬起。同时，右臂屈肘，右手握枪把拉至腰右侧；左手握枪向前摆，两手使枪头向前下劈出，枪头高与肩平。目视枪头。

动作要点：跨越步幅要大，求远不求高。抡枪时手臂、身体要充分展开，劈枪时上体略向前倾。

技击方法：劈枪动作以攻击对方手臂或击落其手中器械。

（2）腾空转身仆步摔枪

上体向右转。右脚向后撤步，右腿屈膝；左腿伸直。同时，两手持棍随转体向右提拉枪，枪杆贴于胸腹部位。目视枪头。

上体向右后翻转。右脚蹬地起跳，左脚向前摆起，身体腾空。同时，两手使枪随翻身转体向右、向上摆起，至头上方。目视左上方。

身体在空中继续向右后方翻转。两脚随转体向下落地，右腿屈膝下蹲，左腿伸直，成为左仆步。同时，两手持枪由上向前、向下平摔，枪身置于左腿内侧。目视枪头。

动作要点：身体腾空、翻转、落地的动作要连贯协调，并与枪的动作配合一致；枪摔于地面时枪杆与左腿平行，上体略向前倾，但不要低头、弓腰。

技击方法：摔枪动作以攻击对方手臂或击落其手中器械。

（3）翻身跃步拿枪、扎枪

右脚蹬地起跳，左腿向上、向外摆起，身体腾空并向左后翻转。同时，两手臂向左上举，两手使枪头向上挑起，继而向左、向下弧形穿出。目视枪头。

左、右脚依次落地踏实，两腿屈膝。同时，右手握枪把向外旋转扣腕，左手握枪内旋，两手使枪尖沿着顺时针方向向上、向右、向下画弧成为拿枪的动作。枪头高与腹部平。目视枪头。

身体重心前移。右腿直立支撑，左腿向后自然伸直，左脚尖着地。同时，左手松握枪滑动至右手近处握牢，右手握枪把向前推送，两手持枪向前扎出，两臂伸直平举，枪头高与肩平。目视枪头。

动作要点：腾空翻身摆左腿与枪的运行要协调一致，右脚落地与拿枪的动作要同时完成。扎枪时上体向前倾，力达枪尖，两臂与枪身在一条直线上。

技击方法：向前扎枪以攻击对方躯干及以上部位。

（4）马步击把

左脚提起向前上步，两腿屈膝。同时，右手握枪把向后抽拉，左手松握枪向前滑动靠近枪缨部位握牢。目视枪头。

上体向左转。右脚提起向前上步，两腿屈膝半蹲成为马步。同时，右手向枪杆中段滑动，左手握枪收至腰左侧，两手使枪把向前横向击出。目视枪把。

动作要点：枪把横向击出时力发于腰，枪杆贴紧腹部。

技击方法：枪横向击出以攻击对方躯干部位或击落其手中器械。

（5）转身拿枪、扎枪

上体向左转。右腿直立支撑；左腿屈膝提起，绷脚面。同时，右手向枪把处滑动握牢，并向右斜上方举起；左手握枪向左前下方伸出，两手使枪头置于左脚前下方。目视枪头。

上体向左后转。左脚向左前落地，两腿屈膝半蹲成为半马步。同时，右手握枪把随转体屈肘收至腰右侧，并向外旋转扣腕；左手握枪向左前伸出，并向内旋，两手使枪尖沿着顺时针方向向上、向右、向下弧形转动成为拿枪的动作。枪头高与腹部平。目视枪头。

左腿屈膝半蹲，右腿伸直成为左弓步。同时，右手握枪把向前推送，左手松握枪滑动至右手近处握牢，两手使枪向前平直扎出。目视枪头。

动作要点：提膝转体与提枪的动作要协调一致，身体旋转一周。左脚落地与拿枪的动作要同时完成，并尽量与腰部发力配合。扎枪力达枪尖。

技击方法：转身提枪以拦截对方手中器械。

（6）双手舞花枪

身体重心向后移。左脚提起撤回半步脚前掌着地，两腿伸直。同时，右手握枪向回抽拉至右肩斜上方，左手松握枪向中段滑动握牢。目视前方。

右脚向前上步，身体重心向右腿移动，左脚跟抬起。同时，右手松握枪向中段滑动，并向上、向前运行，手心向下；左手松握枪随之向内收至右腋下，手心向上，两手使枪把向前劈出。目视枪把。

上体向左转，身体重心移于两腿中间。同时，右手握枪随体转使枪把向下、向左、向上画弧至脸部前方；左手随之向下收至腹前，使枪垂直于身体前方，枪头向下。目视前方。

上体向右转，身体重心向右腿移动。左手握枪随体转使枪头向左、向上、向前劈出，手心向下；右手握枪随之收至左腋下，手心向上。目视枪头。

上体向右转，身体重心稍向后移动。同时，左手握枪，使枪头向下、向右、向上画弧至脸部前方；右手随之向下收至腹前，使枪身垂直于身体右前方，枪头向上。目视右侧。

右手握枪，使枪把向右、向上、向前抡劈出，手心向下；左手握枪随之收至右腋下，手心向上。目视枪把。

动作要点：舞花枪（共做 3 次）时两腿可稍屈膝，两脚呈前后站立姿势，枪在身体两侧环绕转动成立圆。

技击方法：舞花枪的动作可击打对方手臂或拦截其手中器械。

（7）背后绕转歇步扎枪

上体向右转。左脚上步，脚尖向内扣；右脚向左脚后退步，两腿交叉。同时，左手握枪，使枪头由身体右侧向下、向后、向上画弧，至左肩上方；右手握枪随之收至胸前。目视左前方。

上体向右翻转。右手握枪把向右、向上、向后环绕，左手握枪向前段滑动，两手持枪，使枪杆贴于身体后背绕转成立圆，枪头向下、向前、向右、向上方画弧，至左肩上方。

上体向左转。两腿屈膝交叉向下坐，成左歇步。同时，左手握枪向右、向下画弧，至腹前松开成为掌，向左上方摆起，拇指侧向上；右手握枪随之从后向上绕行，并随转体向前平直扎出。目视枪头。

动作要点：枪杆贴近身体背后绕转成立圆；枪扎出时上体略向前倾，力达枪尖。

技击方法：歇步扎枪以攻击对方下肢部位。

（8）弓步拦枪、拿枪、扎枪

上体稍向右转。右脚向后撤步，两腿屈膝成为半马步。同时，右臂屈肘，右手握枪把收至腰右侧向内旋转翻腕；左手在右手前接枪杆并向中段滑动握牢，继而向外旋扣腕；两手使枪尖沿着逆时针方向向上、向左、向下弧形转动成为拦枪的动作，枪头高与肩平。目视枪头。

右手握枪把向外旋转扣腕，左手握枪向内旋转，两手使枪尖沿着顺时针方向向上、向右、向下弧形转动成为拿枪的动作，枪头略高于枪把。目视枪头。

身体重心前移。右腿伸直，左腿屈膝半蹲成为左弓步。同时，右手握枪把向前推送，左手托枪向右手处滑动握牢，两手使枪向前平直扎出，枪头高与胸部平。目视枪头。

身体重心后移。两腿屈膝成为半马步。同时，右臂屈肘，右手握枪把收至腰右侧向内旋转翻腕，左手向前滑动并握枪中段向外旋扣腕，两手使枪尖沿着逆时针方向向上、向后下弧形转动成为拦，枪头高与胸部平。目视枪头。

动作要点：做拦枪、拿枪时枪杆要贴紧腹部，力发于腰；做扎枪动作时两手要合力推送，力达枪尖。拦枪、拿枪、扎枪（共做 3 次）动作要连贯协调。

技击方法：扎枪动作以攻击对方躯干部位。

（9）丁步劈枪

上体向右转。左腿伸直，右腿屈膝半蹲成为右弓步。同时，右手握枪把向回收并举至右肩上方，右臂微屈肘；左手向枪杆中段滑动握牢并向上平举，两手使枪斜架于头顶左上方。目视左前方。

上体向左转。身体重心移于右腿；左脚提起向左前方上步，脚前掌着地，两腿屈膝成为左虚步。同时，左臂屈肘，左手握枪收至腰左侧；右手向枪杆中段滑动握牢，两手使枪把随转体向前横向击出，枪把高与眼眉平。目视枪把。

动作要点：枪把横向击出动作与转体上步动作协调一致，力发于腰，达于枪把。

技击方法：枪把横向击出以攻击对方躯干部位或击落其手中器械。

（10）收势

左脚提起向后退步，右脚提起向右后侧退步。同时，左手握枪，使枪头向前、向上撩起至右肩上方；右手握枪杆向上、向右侧下方运行，枪把端落于右脚外侧触地。目视右侧。

左脚提起向右脚并拢，两腿直立。同时，右手稍向上滑动握枪杆中部，使枪垂直于身体右侧；左手松开成为掌，经腹前向左侧直臂平摆，掌心向下，高与肩平。目视左侧。

左脚提起向前上步，右脚提起向左脚并拢，两腿直立。同时，右臂屈肘，右手提枪置于腰右前侧，枪头向上；左掌向下落于身体左侧，手臂自然下垂，掌心向内。目平视前方。

第六节　剑术和棍术

一、剑术

（一）剑的基础知识

1. 剑的各部位名称及其规格标准

剑分为剑身、剑柄两个部分。剑身包括剑刃、剑尖锋、剑脊。剑刃是剑身的锋利部分，分为上下两利刃，虎口所对的一侧为剑的上利刃。剑刃上下垂直为立剑，剑刃左右水平为平剑。剑柄包括护手格（剑格）和剑首部位，俗称为剑的“握把”。另外，在剑首端处还可以配系剑穗。

在现代武术套路比赛中，剑的长度以反手持剑直臂垂肘的姿势为基准，剑尖端不得低于参赛者的耳廓上边缘；剑的重量（包括剑穗），男子不得低于 0.6 千克，女子不得低于 0.5 千克；剑的硬度标准为剑垂直倒置并立于地面，剑尖端与剑柄中间 20 厘米处，距离地面的垂直距离不少于 10 厘米。对于少年儿童使用的剑无特定限制，而学校武术教学用剑则可相应放宽要求。

2. 持剑方法与剑指

（1）持剑

手心贴紧剑的护手格，食指伸直附于剑柄，拇指扣握护手格一侧，中指、无名指和小指扣握护手格的另一侧，剑脊贴近臂后侧。

（2）剑指

中指与食指伸直并拢，其余三指屈于手心，拇指压在无名指第一指节上。

（3）握剑

四指并拢与拇指分别握住剑柄两侧，虎口靠近剑的护手格，剑的上剑刃必须与虎口相对应。

（二）剑术的基本技法

1. 刺剑

右手持剑向前直臂刺出，剑与手臂成一直线。剑向上刺时，剑尖端高与头顶平；剑向下刺时，剑尖端高与膝部平，也可贴近地面，但不得触地。

2. 劈剑

右手持剑由上向下抡出，力达于下剑刃，剑与手臂成一直线。

3. 斩剑

右手持剑，以剑的下剑刃向右或左横出，剑的高度在头部与肩部之间，力达剑身，臂伸直。

4. 抹剑

右手持剑手臂向外旋转，以剑的下剑刃向前、向左弧形抹出，力达于下剑刃，高与胸部平。

5. 撩剑

右手持剑，以剑的下剑刃领先，手臂向外旋转经右侧由下向前、向上撩出，为正撩剑法；右手臂向内旋转经左侧由下向前、向上撩出，为反撩剑法，力达于下剑刃前部。

6. 崩剑

右手持剑，剑身立起，沉腕，使剑尖端用力向前、向上崩出，臂伸直。

7. 点剑

右手持剑，剑身立起，提腕，使剑尖端用力向前、向下点出，臂伸直。

8. 挂剑

右手持剑立起，使剑尖端由前向下经身体左侧或右侧贴身向后、向上弧形绕行，力达于上剑刃前部。抡挂剑剑身贴身体左侧或右侧环绕成立圆。

9. 截剑

右手持剑，使剑向前斜上方截出，剑尖端斜向上；剑向前斜下方截出，剑尖端斜向下；向身体右后方下截，剑尖端斜向右后下方，力达于下剑刃前部。

10. 云剑

右手持剑，使剑在头顶前上方由左或右向后环绕，头向后仰。

11. 剪腕花

右手持剑以腕部为轴，使剑在臂两侧由后向上、向前下方环绕，力达于上剑刃前部。

12. 撩腕花

右手持剑以腕部为轴，使剑在臂两侧由后向下、向前上方环绕，力达于下剑刃前部。

（三）大学剑术

大学剑术套路由22个动作组成，分为两段。

1. 第一段套路动作及其分解说明

（1）预备势

两腿直立，两脚并拢。左手反握剑柄，剑身垂直紧贴前臂；右手五指并拢贴靠右腿外侧。目视前方。

上体稍向左转。右手成剑指向右前直臂平举，手心向左；左手持剑屈肘上提至腰左侧，手心向后。目视右手。

身体重心移于右腿。左脚向后退步，左腿伸直；右腿屈膝半蹲，成为右弓步。同时，左手持剑使剑柄向前直臂穿出，高与肩平，虎口向下；右手剑指屈肘收于腰右侧，手心向上。目视剑柄。

动作要点：左手剑指平举的动作可适当放慢速度，上体略向前倾。

（2）拍脚提膝交接剑

上体向左后转。左腿直立支撑，右腿向后伸直脚前掌着地。同时，左手持剑随转体向上、向左前方抡出，手心向下；右手随之从右侧向上直臂摆起，手心向上。目视左前方。

右脚向前直腿踢起，绷脚面。同时，右手向上、向前迎击右脚面；左臂屈肘，左手持剑收至左腰侧，手心向后。目视前方。

左腿直立支撑；右腿屈膝提起，脚尖下垂。同时，左手持剑使剑柄向前上方直臂穿出，高于头顶平，虎口向下；右臂屈肘，右手成为剑指收于左肩前，拇指侧向上。目视剑柄。

上体向右转。左腿屈膝下蹲；右腿伸直向右平铺，右脚向右侧落地，脚尖稍向内扣，成为右仆步。同时，右手剑指沿着右腿内侧向前穿出，至右脚上方，拇指侧向上；左手持剑直臂举于左侧斜上方，拇指侧向下，左臂伸直。目视右手。

身体重心前移。右腿屈膝；左腿伸直，成为右弓步。同时，右手剑指向上直臂平举，虎口向上；左手持剑侧平举，拇指侧向下，左手略高于肩。目视右手。

右腿直立支撑；左腿屈膝抬起，绷脚面。同时，左臂屈肘，左手持剑收于胸前，剑身紧贴前臂内侧，手心向外，剑尖锋指向左侧；右手屈肘收至胸前，手心向内紧握剑柄。目视左前方。

动作要点：做拍脚动作时手脚合力作响，整个动作要连贯、协调。

（3）上步直刺剑

左脚向左前落地，左腿屈膝半蹲；右腿伸直，成为左弓步。同时，右手握剑向前直臂刺出，高与肩平，拇指侧向上；左手成剑指向左后方直臂伸出，高与肩平，拇指侧向上。目视前方。

动作要点；做直刺剑动作时两手同时分开，剑身与肩臂成一直线，上体微向前倾。

技击方法：剑刺出以攻击对方躯干部位。

（4）转身提膝下截剑

上体向右转拧。左腿直立支撑；右腿屈膝抬起，绷脚面。同时，右手握剑以下剑刃向右后截出，手心向下；左臂屈肘，左手剑指收至左肩前，手心向下。目视剑身。

动作要点：转体、屈膝、屈肘与剑的截出动作要协调一致同时完成，剑截击时上体要舒展挺拔，力达于下剑刃前部。

技击方法：剑截击对方手臂或拦截其手中器械。

（5）左右挂剑

右脚向前落地，脚尖稍向内扣。同时，右手持剑，手腕翘起，使剑尖锋向前崩。目视剑身。

上体向左后翻转。身体重心移于右腿，右腿直立支撑；左腿屈膝抬起，绷脚面。同时，右手持剑，使剑尖锋向前、向上、向下挂，至左腿外侧，手心向里，臂微屈；左手臂向上、向左、向下摆动，继而屈肘收于右肩前，手指向上。目视左下方。

左脚向后落地。同时，右手持剑向外旋转，手腕翘起，使剑尖锋向上、向右画弧，手心向里；左手剑指置于右肩前，手指向上。目视剑身。

上体向右转。左腿直立支撑；右腿屈膝抬起，绷脚面。同时，右手握剑，使剑尖锋向下经右侧向后挂出，虎口向上；左手剑指屈肘平置于左肩前方，手心向下。

上体向左转。右脚向后落地，右腿伸直；左腿屈膝，成为左弓步。同时，右手持剑向上、向前直臂劈出，高与肩平；左手剑指向前、向下、向左后画弧直臂平举，虎口向上，略高于肩部。目视剑身。

动作要点：左右挂剑的剑身要贴近身体两侧环绕成立圆，劈剑的剑身与肩臂成为直线。

技击方法：劈剑以攻击对方手臂或拦截其手中器械。

（6）退步转身斩剑

身体重心后移。左脚撤半步，两腿屈膝。同时，右手持剑向外旋转，使剑在身体右侧向后、向上、向前环绕成立圆。目视前方。

上体向右转拧。左脚向后退步，前脚掌着地。同时，右手持剑向内旋转，使下剑刃向右斩击，手心向下，剑略高于肩部；左臂屈肘举于左侧斜上方，左手拇指侧向下。目视剑身。

动作要点：剑的剪腕花与斩的动作要连贯一致。剑斩出时上体向左前倾，剑身与右臂成直线。

技击方法：剑斩出以攻击对方手臂或拦截其手中器械。

（7）转身云抹剑

上体向左转，身体重心向左腿移动。右脚尖向内扣，两腿屈膝。同时，右手持剑向左画弧，至额前上方，随之以手腕为轴向外旋转，使剑尖锋在头上方向左、向后、向右云绕一平圆，手心向上；左臂屈肘左手剑指收于右肩前，手指向上。目视剑身。

上体向左后转。身体重心移于右腿，左脚前掌着地，成为左虚步。同时，右手持剑，使下剑刃向前直臂抹出，手心向上，高与肩平；左手剑指向前、向左平摆，手心向上。目视剑身。

动作要点：剑的云绕一周和抹出的动作要连贯，剑抹出时上体要向左转拧，手腕用力，力达于下剑刃前部。

技击方法：剑的云、抹动作以截击对方手中器械或攻击其手臂部位。

（8）退步刺剑

上体稍向右转。左脚向后退步，两腿屈膝交叉。同时，右手握剑屈肘向内旋转，使下剑刃向下、向右画弧拦截，至右膝外侧，剑尖锋指向前下方；左手剑指屈肘向右摆，收至右手腕内侧，手心向下。目视剑身。

上体稍向左转。右脚向后退步，右腿伸直；左腿屈膝半蹲，成为左弓步。同时，右手持剑向前直臂刺出，高与肩平，虎口向上；左手剑指向左直臂伸出，略高过肩，拇指侧向上。目视前方。

动作要点：剑拦截与前刺的动作要连贯，剑前刺时与左手同步分开，上体稍向前倾。

技击方法：剑拦截对方的器械，剑直刺对方躯干部位。

（9）左右撩剑

左腿直立支撑；右腿屈膝抬起，绷脚面。同时，右臂屈肘，右手持剑向外旋转，使下剑刃向上托起，高与眼眉平，手心向里；左手剑指屈肘向右摆，至右前臂内侧，手指向上。目视剑身。

右脚向前落地，右腿屈膝半蹲；左腿伸直，成为右弓步。同时，右手持剑向内旋转，使下剑刃经左侧向下、向前撩起，剑尖锋高与腹部平；左手剑指置于右臂内侧，手指向上。目视前方。

上体向右转，身体重心后移。同时，右手持剑向上、向右后方摆动，左手剑指随之收至右肩前，手指向上。目视剑身。

上体向左转。右脚向后退步，右腿伸直；左腿屈膝，成为左弓步。同时，右手持剑向外旋转，使剑下刃向下经右腿外侧向前撩起，剑尖锋高与腹部平；左手剑指随之向下、向上直臂后摆，高与头顶平，拇指侧向上。目视前方。

动作要点：剑的左撩、右撩动作要连贯、完整，剑撩出时上体可稍向前倾，但不得低头、弓腰。

技击方法：剑撩出以攻击对方手臂或拦截其手中器械。

（10）跳步提膝截剑

右脚向前上步。同时，右手持剑向上、向左下摆出，手心向里；左手剑指屈肘置于右腕内侧，手心向下。目视剑身。

右脚蹬地向前跳起；左腿屈膝抬起，绷脚面，身体腾空。同时，右手持剑使下剑刃向下、向前撩出，剑尖锋高与腹部；左手剑指向下直臂后摆，拇指侧向下。右脚落地右腿独立支撑。目视前方。

动作要点：右脚蹬地向前纵身跳起的动作求远不求高，提左膝跳步与剑向前撩出的动作要协调一致，上体前倾，但不要低头、弯腰。

技击方法：剑撩出以攻击对方手臂或拦截其手中器械。

（11）弓步刺剑

左脚向前落地，随即蹬地向前跳起落地，左腿独立支撑；右腿屈膝抬起，绷脚面。同时，右手持剑向外旋转，使剑身经左侧向上、向前绕成立圆摆压于体前，手心向内；左臂屈肘，左手剑指收于右手腕内侧，手心向下。目视前方。

右脚向前落地，右腿屈膝半蹲；左腿伸直，成为右弓步。同时，右手持剑向前直臂刺出，高与肩平，虎口向上；左手剑指随即向左后直伸平举，拇指侧向上。目视前方。

动作要点：左脚蹬地向前跳步的动作求远不求高，剑摆压与左脚落地的动作同时完成，剑直刺时两手同时向两侧分开。

技击方法：直刺剑以攻击对方躯干以上部位。

2．第二段套路动作及其分解说明

（1）盘腿斩剑

上体向左转，身体重心向左移。同时，右手持剑向上、向左劈；左臂屈肘，左手剑指收至右小臂内侧，手指向上。目视剑身。

上体向右转。身体重心移于右腿并屈膝半蹲；左腿屈膝提起，使小腿向内、向上摆起，盘放在右大腿上。同时，右手持剑向内旋转，使下剑刃向右平摆斩，手心向下，剑身高与肩平；左手剑指向左平摆，剑指向内翘，拇指侧向下，高与肩平。目视剑身。

动作要点：盘腿与斩剑的动作要同时完成，盘腿时上体略向右前方倾。

技击方法：斩剑以攻击对方手臂或拦截其手中器械。

（2）翻身歇步刺剑

上体向左转。左脚向左前方落地，随即蹬地跳起；右脚随之跳起，身体在空中以右脚内侧击碰左脚后跟，右脚落地，左脚向前摆出。同时，右手持剑向外旋转，使剑尖锋向上崩置于右侧；左手剑指向左前平举，手指向上。目视左前方。

上体向左转。左脚向前落地，脚尖向外撇；右脚向前上步，脚尖向内扣，两腿屈膝。同时，右手持剑使剑尖锋向左前下挂；左臂屈肘，左手剑指收至右肩前，手指向上。目视剑身。

身体重心移于右腿，右脚蹬地起跳；左腿提起向左侧上摆，身体腾空并向左后翻转，右腿提拉。同时，右手持剑，使剑尖锋领先向左上穿出；左手剑指向左上摆起。目视右前方。

身体继续向左后翻转一周，左、右脚依次落地，两腿屈膝盘坐成歇步（坐盘），左腿在上。同时，右手持剑向左直臂刺出，拇指侧向上；左臂屈肘，左手剑指收至右肩前，手指向上。目视前方。

动作要点：右脚内侧碰击左脚脚跟要作响；身体腾空翻转时要挺身、展胯、拉腿。歇步或盘坐的动作要稳定，上体稍向前倾。

技击方法：剑直刺对方躯干部位。

（3）弓步削剑

上体向右后转。右脚向右侧方迈步，右腿屈膝半蹲；左腿伸直，成为右弓步。同时，右手持剑向外旋转，使上剑刃向右斜上方削出，右臂伸直，手心向上，剑尖锋高与头顶平；左手剑指随之向左侧直臂平摆，手心向上。目视剑身。

动作要点：剑削出时两手臂同时向两侧展开，力达上剑刃前部。

技击方法：剑削出以攻击对方手臂或截击其手中器械。

（4）回身望月反撩剑

右脚向回收半步。右手持剑，以腕部为轴，使剑向下经右侧向后、向上、向前绕成立圆，置于身体右前方，拇指侧向上；左手剑指收于左肩前。目视右前方。

上体向右后转拧。右腿直立支撑；左腿屈膝，小腿向身后摆起，绷脚面。同时，右手持剑，使下剑刃领先向下，经右腿外侧向后撩出，剑尖锋高与腹部平；左手剑指向内旋转向左上方举起，臂微屈，拇指侧向下。目视剑身。

动作要点：剑的剪腕花与撩的动作要连贯协调，剑向后撩起时上体稍向左前倾。

技击方法：剑向后撩以攻击对方手臂或截击其手中器械。

（5）弧形步穿带剑

上体向左转。右腿直立支撑；左腿屈膝向前抬起，脚尖下垂。同时，右手持剑，腕部翘起，使剑尖锋向前至右膝外侧，左手剑指向前直臂平举，拇指侧向上。目视剑指。

左脚向左前方落地，左腿直立，身体重心移于左腿；右腿伸直，右脚跟抬起。同时，右手持剑向左前上方直臂刺出，高与眼眉平，手心向上；左臂屈肘，左手剑指收于胸前，手心向下。目视剑身。

右、左脚依次向右前方弧形上步，右脚尖向外撇，左脚尖向内扣。同时，右手持剑向左上运行；左手剑指置于右臂内侧，手心向下。目视剑身。

右脚继续向右前方上步，右脚尖向外撇。同时，右手持剑向内旋转向左、向下弧形摆动，置于身体左前方，手心向下；左手剑指随之附于右手腕内侧，手心向下。目视剑身。

左、右脚依次向右前方弧形上步，左脚尖向内扣，右脚尖向外撇。同时，右手持剑向右前方平行带出，手心向下；左手剑指置于右腕内侧，手心向下。目视剑身。

动作要点：左、右脚上步（共 6 步）动作要连续、轻灵、平稳、走弧线。剑的刺、带技术转换要连贯、协调，以身带剑。

技击方法：剑向前刺穿以攻击对方手臂或躯干以上部位。

（6）转身并步斩剑

上体向右转。左脚向右前方上步，脚尖向内扣落地。同时，右手持剑，使下剑刃向右摆，手心向下；左手剑指向左撑开，手心向下。目视剑身。

上体向右后转。右脚向左脚并拢，两腿直立，两脚跟提起，均以脚前掌为轴转动。同时，右手持剑，使下剑刃向右斩，右臂伸直，手心向下，剑尖锋略低于剑柄；左臂屈肘，左手剑指收于左肩前，手心向下。目视剑身。

动作要点：做斩剑动作时身体要挺拔，上体略向右前倾。

技击方法：斩剑以攻击对方手臂或拦截其手中器械。

（7）转身刺剑

上体向右转。左腿直立支撑；右腿屈膝抬起，脚尖下垂。同时，右手持剑，使下剑刃经右腿外侧向后撩起，剑尖锋高与腹部平；左手剑指收至胸前，手心向下。目视剑身。

右脚向右后落地，右腿伸直；左腿屈膝。同时，左手持剑外旋，手腕翘起，使剑尖锋向上、向左、向下弧形穿出；左手剑指收至右肩前，手指向上。目视剑身。

左腿屈膝下蹲；右腿伸直，成为右仆步。同时，右手持剑外旋，使剑尖锋经右腿前向右侧直臂刺出，虎口向上，剑尖锋略低于肩；左手剑指直臂举于左上方，拇指侧向上。目视剑身。

身体重心移于右腿。右腿屈膝前弓；左腿伸直，成为右弓步。同时，右手持剑向前直臂刺出，虎口向上，高与肩平；左手剑指平举，拇指侧向上。目视剑身。

动作要点：剑在身体前方环绕成立圆，动作要连贯、完整，剑向前刺出时上体略向前倾。

技击方法：剑刺出以攻击对方下肢部位。

（8）丁步崩剑

身体重心移于左腿。左腿屈膝半蹲并支撑；右腿屈膝提起，右脚收至左脚内侧，脚前掌着地，成为丁字步。同时，右手持剑，手腕翘起，使剑尖锋向上崩，至右肩上方；左臂屈肘，左手剑指收于右小臂内侧，手心向下。目视前方。

动作要点：崩剑时手腕上翘，发力短促。

技击方法：剑上崩以攻击对方手臂或拦截其手中器械。

（9）弓步点剑

右脚全脚掌落地；左脚向左侧迈步，左腿屈膝；右腿伸直，成为左弓步。同时，右手持剑向前直臂下点，虎口向上；左手剑指向左侧直臂平举，拇指侧向上。目视剑身。

动作要点：剑向前点出时手腕用力，上体略向前倾。

技击方法：剑点出以攻击对方手臂部位或击落其手中器械。

（10）转身云接剑

上体稍向左转。右脚向左前方上步，脚尖向内扣，两腿屈膝。同时，右手持剑向内旋转，使剑向左前上摆，随之手臂向外旋转，使剑身经额前上方向后、向右、向前画圆，手心向上；左臂屈肘，左手收至面前从右腕下向前上接握剑柄，手心向上，两虎口相对。目视剑身。

动作要点：剑在额前上方环绕成一圆形，整个动作要连贯协调。

（11）收势

上体向右转。左手反握剑柄，使剑柄经上向前劈出，剑身贴紧小臂内侧，手心向下；右手成剑指向下、向右侧摆出，虎口向上。目视右手。

上体向左转。身体重心移于右腿，左脚提起，以脚跟后部向右脚内侧靠拢，两腿伸直，成为丁字步。同时，左手反握剑柄向下、向后摆动，继而左臂屈肘以手背部贴于腰后部，剑尖锋向左斜上方；右臂屈肘向内旋转，右手剑指向上摆平举于右侧，手臂撑圆，右手剑指向内翘起，拇指侧向下。目视左前方。

左脚向前上步，右脚向左脚并拢，两腿直立。两臂自然下落垂于身体两侧，右手心向里；左手反握剑柄手心向后，剑身贴靠左臂，剑身垂直于左侧。目视前方。

二、棍术

（一）棍的基础知识

1. 棍的部位名称及其规格标准

在现代武术运动中，棍术套路练习所用的棍，一般指长棍。长棍的整体可分为三段，棍的稍粗一端为把段，中间为中段，稍细一端为棍的梢段，棍各段的长度分别占棍总长的三分之一。

现代武术竞赛规则规定，长棍的长度不得短于本人身高，棍的粗细两端要有明显的区分，棍把处略粗于棍梢，棍的中线以下部位的直径，男女组别均有明确的规定，棍的重量没有限制。

2. 握棍方法

握棍的方法通常可分为单手握、顺手握和对手握三种。单手握是指单手握住棍的任何部位；顺手握也叫顺向握，通常是指两手虎口顺向握棍；对手握是两手虎口相对握棍。

（二）棍术的基本技法

1. 抱棍

两手分开握棍，右手握棍把处，左手握棍的中段，两手虎口均向着棍梢一端，并将棍抱于体前或体侧。

2. 劈棍

两手持棍由上向下用力劈出，力达棍梢。

3. 戳棍

两手持棍，使棍梢或棍把头向前或向后（或左右）直线推出，力达棍梢或棍把头的顶端。

4. 抡棍

两手持棍，使棍梢向左或向右平抡，力达棍稍。

5. 点棍

两手持棍，使棍梢向前、向下短促用力点击，力达棍梢顶端。

6. 崩棍

两手持棍，使棍梢向上短促用力崩出，力达棍梢顶端。

7. 击棍

两手持棍，使棍把头或棍梢向左、右用力横打，力达棍把头或棍梢。

8. 绞棍

两手持棍，使棍梢或棍把头，向左或向右环绕成立圆，力达棍梢或棍把头。

9. 架棍

两手持棍，使棍平直向额前上方直臂举起，或向身体左、右斜上方举起。

10. 格棍

两手持棍，使棍竖直在身前向左或向右拦挡。

11. 云拨棍

两手持棍，使棍在头上方向左或向右环绕成一平圆。

12. 提撩棍

两手持棍，使棍沿着身体左侧或右侧由下向前撩起，环绕成立圆，力达棍梢。

13. 立舞花棍

两手持棍，使棍把头或棍梢沿着身体左侧或右侧，由上向前、向下、向后贴身环绕成立圆。

（三）大学棍术

大学棍术套路分为两段，共计22个动作。套路的棍法主要有抡棍、扫棍、撩棍、劈棍、击棍、点棍、戳棍、拨棍、舞花棍等，步型主要有弓步、马步、仆步、虚步、歇步，另外，还有腾空、翻身、跳跃动作等。

1．第一段套路动作及其分解说明

（1）预备势

两脚并拢，两腿直立。右臂屈肘，手持棍把，使棍梢向上直立于身体右前方，右手虎口向上，高与腰部平；左手臂下垂贴于左腿外侧，左手心向里。目视前方。

上体稍向右转。左手变成掌向前、向上直臂挑起，掌指尖向上，高与眼眉平；右手持棍随转体回收至右肩前。目视左掌。

上体向左转。左臂屈肘，左掌握拳收抱于腰左侧，左拳心向上；右手持棍直臂向前平推。目视前方。

动作要点：左掌向前挑起的速度可适当放慢，握拳收回与推棍的动作要协调一致。起势动作身体挺拔、精神饱满。

（2）弓步平抡棍

右臂屈肘，右手持棍收至右肩前；左拳变成掌，在身体左侧由下向上平举，拇指侧向上，继而向右平摆，至右手上端握棍，虎口向上。目视右前方。

左脚向左侧开步，左腿伸直，右腿屈膝成为右弓步。同时，两手持棍，使棍向右后方下落至右肩上，成为扛棍。目视左前方。

上体向左转。左腿屈膝半蹲，右腿伸直成为左弓步。同时，两手持棍随转体使棍向左平抡，棍身高与肩平。目视棍梢。

动作要点：左手向左侧平举的速度可适当放慢。两手持棍向前平抡，力发于腰。

技击方法：平抡棍以攻击对方躯干以上部位或击落其手中器械。

（3）原地提撩棍

上体稍向左转。左脚提起撤回半步，右脚随即蹬地起跳，左脚落地踏实，右脚向前落地，两脚呈右前左后开步站立。同时，两手持棍，使棍梢向上经身体右侧向后、向下、向前上方撩起。目视前方。

上体稍向右转。两手持棍使棍梢向上经身体左侧向后、向下、向前上方撩起。目视前方。

上体稍向左转。两手持棍使棍梢向上经身体右侧向后、向下、向前上方撩起。目视前方。

动作要点：左右撩棍（共做 3 次）动作要连贯，两手持棍向前上方送出，棍靠近身体两侧绕成立圆。身体左右转动与棍的运行要协调一致。

技击方法：撩棍攻击对方躯干部位或击落其手中器械。

（4）上步提撩棍

上体稍向右转。左脚向前上步。同时，两手持棍，使棍梢向上经身体左侧向后、向下、向前上方撩起。目视前方。

右脚向前上步。同时，两手持棍，使棍梢向上经身体右侧向后、向下、向前上方撩起。目视前方。

上体稍向右转。左脚向前上步。同时，两手持棍，使棍梢向上经身体左侧向后、向下、向前上方撩起。目视前方。

上体稍向左转。右脚向前上步。同时，两手持棍，使棍梢向上经身体右侧向后、向下、向前上方撩起。目视前方。

上体稍向右转。左脚向前上步。同时，两手持棍，使棍梢向上经身体左侧向后、向下、向前上方撩起。目视前方。

动作要点：左右上步撩棍（共做 5 次）动作要连贯、协调，棍贴近身体绕成立圆。手、眼、身、步法与棍的运行要协调一致。

技击方法：与“原地提撩棍”相同。

（5）舞花虚步劈棍

上体向右后转。左腿直立支撑；右腿屈膝提起，右脚自然下垂。同时，两手持棍随转体向上抡起，左手臂向内旋，右手臂向外旋，两手持棍，使棍向右、向下摆动，至右腿外侧。目视右前方。

右脚向身后落地，身体重心移于右腿；两腿屈膝，左脚前脚掌着地，成为左虚步。同时，两手持棍，使棍梢向后、向上、向前劈出，右臂屈肘，右手持棍收于腰右侧；左手持棍向中段滑动握牢，左臂伸直，左手向前下压，棍梢高于肩部。目视前方。

动作要点：舞花棍时棍靠近身体绕成立圆，舞花棍与虚步劈棍的动作要连贯协调。

技击方法：劈棍动作以攻击对方肩臂部位或击落其手中器械。

（6）翻身马步劈棍

上体向右后翻转。左腿屈膝提起并向右前上方摆起，右脚蹬地起跳，身体腾空。同时，右手持棍向棍把头滑动握牢，并向头上方举起；左手持棍随转体使棍梢向前上方撩起。目视棍梢。

身体在空中继续向右后方翻转。随之两脚落地，两腿屈膝半蹲成为马步。同时，两手持棍随转体使棍梢向前下方劈，棍梢高于肩部。目视棍梢。

动作要点：身体腾空翻转与抡棍成立圆要协调一致，两脚落地成为马步要稳定，劈棍动作时棍要贴紧腹部，力发于腰，达于棍梢。

技击方法：劈棍以攻击对方肩臂部位或击落其手中器械。

（7）转身云拨棍

身体重心移于右腿，左脚跟提起。同时，左手持棍向棍梢滑动握牢，右手持棍向后抽拉。目视左前方。

上体向左转。右腿直立支撑；左腿屈膝抬起，脚尖下垂。同时，左臂屈肘，左手持棍收至左肩前，手心向上；右手持棍向棍的中段滑动握牢，并向前上方击出，手心向下，棍把头高与眼眉平。目视棍的把头。

上体向左转。左脚向左侧落地，左腿伸直，右腿屈膝。同时，左手持棍向左上方举起，左臂伸直；右手持棍向棍把头滑动握牢，右臂稍屈肘上举。目视左侧。

头向上仰起，随之上体向左转。左腿屈膝，右腿伸直成左弓步。同时，左手持棍向棍中段滑动握牢，两手持棍在头上方随转体使棍梢向后、向右、向前、向左平拨出，左手心向下；右手随之向左推送至左腋下，手心向上。目视棍梢。

动作要点：棍的云拨动作要成一平圆，并与转体协调一致。棍在拨动时眼睛视线随着棍梢的运动而运行，完成拨棍动作时上体稍向前倾。

技击方法：拨棍以拦截对方手中器械，并攻击其躯干以上部位。

（8）退步盖把

上体向右转。左脚向右脚后退步，左腿伸直；右腿屈膝。同时，左手持棍，使棍梢向右、向后画弧拨至左上方；右手持棍随之向右上方举起。目视右侧。

上体向左转。右脚向右侧迈步，右腿伸直，左腿屈膝成为左弓步。同时，左臂屈肘，左手持棍向棍梢滑动握牢，收至左肩前，手心向上；右手持棍向棍中段滑动握牢，并随转体向前下方劈出，手心向下，棍把头触地。目视前下方。

动作要点：左、右脚向后退步与棍的拨、劈动作要协调一致，做劈棍动作时上体稍向前倾，但不要低头、弓腰。

技击方法：用棍把攻击对方手臂部位或击落其手中器械。

（9）右转身抡棍

上体向右转，身体重心向右移。同时，右手持棍向棍把头滑动握牢，左手向右手处滑动握棍，两手持棍，使棍落于左肩上，成为扛棍的动作。目视前方。

上体向右转。左脚向前上步落地，脚尖稍向内扣，左腿屈膝，右腿伸直成为左弓步。同时，两手持棍随转体向前平抡击出。目视棍梢。

上体向右后翻转。左腿独立支撑，右腿屈膝抬起。同时，两手持棍，使棍在头上方向右、向后、向左环绕成平圆。目视棍梢。

上体继续向右转。右脚向右后落地，右腿屈膝半蹲，左腿伸直成为右弓步。同时，两手持棍，使棍梢向后、向左、向前、向右平抡击出，继而向右摆动落至右肩上，成为右肩扛棍的动作。目视前方。

动作要点：上步、退步及上体翻转抡棍（两次击棍发力）的动作要连贯、协调。

技击方法：抡棍以攻击对方腰部或击落其手中器械。

（10）左转身抡棍

上体向左后转，右脚向前上步落地，脚尖向内扣，右腿屈膝，左腿伸直。两手持棍随转体向前平抡击出。目视棍梢。

上体向左后翻转。右腿独立支撑，左腿屈膝抬起。同时，两手持棍，使棍在头上方向左、向后、向右环绕成平圆。目视棍梢。

上体继续向左转。左脚向左后方落地，左腿屈膝半蹲，右腿伸直成为左弓步。同时，两手持棍，使棍梢向后、向右、向前、向左平抡击出，继而向左摆动落至左肩上，成为左肩扛棍的动作。目视前方。

动作要点：与“右转身抡棍”相同。

技击方法：与“右转身抡棍”相同。

2. 第二段套路动作及其分解说明

（1）扛棍蹬踢

左腿独立支撑；右腿屈膝提起，右脚脚尖翘起向前蹬出，右脚高与腹部平。两手持棍于肩上，成为扛棍的动作。目视前方。

动作要点：蹬腿力达脚跟。

技击方法：右脚蹬踢对方腹部以上部位。

（2）弓步劈棍

右脚向前落地，右腿屈膝，左腿伸直成为右弓步。同时，左手持棍向棍中段滑动握牢，右手持棍屈肘收于腰右侧。两手使棍梢向前劈出，棍梢高于肩部。目视棍梢。

动作要点：完成劈棍动作时右手持棍贴紧腰右侧，上体稍向前倾。

技击方法：劈棍以攻击对方手臂或拦截其手中器械。

（3）盘坐击棍

上体向左后转。右手持棍随之向后抽拉；左手持棍向棍梢滑动握牢，并向左平摆。目视左前方。

上体向左转。两腿交叉屈膝下蹲，右腿收至左腿下方盘坐或成为歇步。同时，左臂屈肘，左手持棍收于腰左侧，手心向上；右手持棍随之向棍中段滑动握牢，并向前平摆，手心向下。两手使棍把头向前横向击出，棍把头高与眼眉平。目视前方。

动作要点：做盘坐（歇步）击棍动作时上体可略向前倾，但不要低头、弓腰。

技击方法：用棍把攻击对方腿部或截击其手中器械。

（4）转身单手抡棍

上体向右转，右脚向后撤步。同时，右手持棍向棍把头滑动握牢，随之收于右肩前，手心向下。目视左前方。

上体向右转。左脚向右前方上步，脚尖稍向内扣。同时，左手持棍向右手处滑动握棍，两手持棍，使棍落至左肩上，成为扛棍的动作。目视前方。

上体向右后转。身体重心移于左腿，以左脚前掌为轴，右脚掌贴地面向后扫半圆。同时，右手持棍随转体向右上方直臂抡出，棍梢高过头顶；左手臂伸直向左摆，拇指侧向上。目视棍梢。

右手持棍继续向后弧形摆动至左上方。目视右上方。

右手持棍继续向前、向下经右侧向后上方摆动至背后，左手屈肘向内旋收至右肩前，成为立掌。目视右侧。

右腿屈膝，左腿伸直成为右弓步。同时，右手持棍向后上摆动，使棍贴于右臂至背后，棍梢向左肩部上方摆动；左掌向前直臂推出，掌指向上，高与眼眉平。目视左掌。

动作要点：右手持棍向右斜上方抡出时要发力，整个动作要连贯、一气呵成。

技击方法：右手抡棍以攻击对方躯干以上部位或击落其手中器械。

（5）退步点棍

上体向左转。左腿屈膝，右腿伸直。同时，右手持棍随转体使棍把头向下、向前上摆；左臂屈肘，左手收至胸前，手心向上。目视前方。

身体重心向右腿移动。同时，右手持棍向上举起，至头上方；左手随之握棍的中段向上托举，两手使棍架于左上方。目视左侧。

上体稍向右转。左脚向右腿后退步，脚前掌着地，左腿伸直，右腿屈膝成为交叉步。同时，左手持棍向右手处滑动握牢，两手使棍梢向上、向右、向下点击，左手心向下，右手心向上。两手臂屈肘交叉，使棍梢触地。目视棍梢。

上体稍向左转。右脚向后退步，右腿伸直，左腿屈膝成左弓步。同时，两手持棍，使棍梢向上、向左前下方点击，棍梢触地。目视棍梢。

动作要点：左右退步与点棍的动作要连贯、协调，做点棍动作时棍在身体前成为立圆摆动。

技击方法：点棍以攻击对方手臂或击落其手中器械。

（6）仆步摔棍

上体稍向右转。右腿独立支撑；左腿屈膝提起，脚尖下垂。同时，两手持棍，使棍梢向上、向右侧后方劈出，棍梢高于腰部。目视棍梢。

上体稍向左转。右腿屈膝下蹲，左腿伸直铺地成为左仆步。同时，两手持棍，使棍梢向上、向左前下劈，棍摔于左腿内侧，右手握棍，左手按于棍上。目视棍梢。

动作要点：两手持棍向右后侧抡动时身体要挺拔、稍有反弓，摔棍动作完成时棍要平直着地，上体稍向前倾，但不要低头、弓腰。

技击方法：摔棍以攻击对方手臂或击落其手中器械。

（7）双手舞花棍

①身体起立。左脚提起撤回半步，脚前掌着地。同时，右手持棍向上提拉至右肩上方；左手持棍向棍梢滑动握牢，两手使棍置于胸前。目视左前方。

②身体重心前移，右脚向前上步。同时，右手持棍向棍中段滑动握牢，使棍把头向前劈出，手心向下，棍把头高于肩部；左臂屈肘，左手持棍收至右腋下，手心向上。目视前方。

③上体向左转。右手持棍，使棍把头向下经左侧向上摆动至身前；左手持棍随之向下落至腹前，两手使棍立于身前。目视前方。

④上体向右转。左手持棍使棍梢向左、向上随转体向前劈出，棍梢高于肩部，手心向下；右臂屈肘，右手持棍收至左腋下，手心向上。目视前方。

⑤上体向右转。左手持棍使棍梢向下经右侧向上摆动至身前；右手持棍随之向下落至右腿侧，两手使棍立于身体右前侧。目视右方。

⑥上体向左转。右手持棍，使棍把头向右、向上随转体向前劈出，棍把头高于肩部，手心向下；左臂屈肘，左手持棍收至右腋下，手心向上。目视前方。

⑦⑧⑨⑩分别与动作③④⑤⑥相同。

⑪⑫⑬ 分别与动作③④⑤相同。

⑭ 上体向左转。右脚向后退步，右腿伸直，左腿屈膝成为左弓步。同时，右手持棍，使棍把头向右、向上随转体向前劈出，手心向下，棍把头高于肩部；左臂屈肘，左手持棍收至右腋下，手心向上。目视前方。

动作要点：左右转体与舞花棍动作要连贯、协调，棍在身体两侧绕环成立圆。

（8）扣腿劈棍

上体向右转。右腿屈膝，左腿伸直。同时，右手持棍向棍把头滑动握牢，并向右上举；左手持棍向左上托举，两手使棍架于头上方。目视左前方。

上体向右转。右腿屈膝支撑；左腿屈膝提起，左脚背贴于右膝窝。同时，左手持棍向棍的中段处滑动换把，并向上、向前推棍；右手持棍屈肘收至腰右侧。两手使棍梢向前劈出，棍梢高于肩部。目视棍梢。

动作要点；左脚扣腿与劈棍的动作要协调一致，扣腿时左脚以脚背贴紧右膝窝。

技击方法：劈棍以攻击对方躯干以上部位或击落其手中器械。

（9）弓步平戳棍

左脚向前落地，左腿屈膝半蹲，右腿伸直成为左弓步。同时，左手持棍向右手处滑动握棍，右手持棍向前平推，两手持棍，使棍梢向前平戳。目视棍梢。

技击方法：戳棍以攻击对方躯干部位。

（10）虚步击棍

右脚向前上步，两腿屈膝。同时，右手持棍向后抽拉，左手持棍向棍梢处滑动握牢。目视前方。

上体向左转。左脚向前上步，脚前掌着地，左腿微屈，右腿屈膝半蹲，成为左虚步。同时，左臂屈肘，左手持棍收至腰左侧，手心向上；右手持棍向棍中段滑动握牢，并向前平摆，右手心向下，两手使棍把头向前横向击出，棍把头高与眼眉平。目视前方。

动作要点：左脚上步成为虚步的动作与向前击棍的动作要协调一致。

（11）收势

左脚踏实，右脚提起向右前方上步。右手持棍向上、向后、向下画弧，落于右脚外侧；左手持棍随之向前、向上挑起，继而左臂屈肘，左手持棍收至右肩前方，两手使棍把头触地，棍直立于身体右侧，两手虎口向上。目视棍梢。

左脚提起向右脚并拢，两腿直立。同时，左手松棍握拳收抱于腰右侧，左拳心向上；右手持棍立于右侧，右臂稍屈肘。目平视左侧。

左脚向前上步，右脚向左脚并拢，两腿直立。同时，左拳松开，手臂垂于身体左侧，手心向内；右手屈肘向上提棍，置于身体右前方。目平视前方。

第五章　武术搏斗教学

武术搏斗是当今比较流行的一种锻炼形式，是通过融合武术的动作，配上音乐来进行的一项运动。它的主要特点是，在节奏清晰的音乐伴奏之下锻炼身体协调性，并使人们的身心得到健康发展，而且其运动量大，音乐强劲，能让人们的情感得到宣泄，放松心情。开展武术搏斗教学，对人们多有益处。

第一节　散打教学

一、散打概况

从古至今，散打有多种名称，如散手、技击、相搏等。由于其很多形式的对抗都是通过擂台进行的，在中国的民间文化里，散打也被称为“打擂台”。现代散打是一种基于踢、打、摔等基础技能，在规定的场地、时间和条件下进行徒手对抗和格斗的运动。它是中国武术中两种搏击对抗形式之一。在进行散打时，两人应在遵守特定规则的前提下，以徒手的形式运用武术中的踢、打、摔等技巧分出胜负。

（一）散打运动被确定为正式比赛项目后稳定发展

1. 散打比赛的举行及竞赛规则的修改使竞赛体系逐步规范

自散打正式成为比赛项目以来，各个省市的体育委员会、体育学院和行业协会都纷纷成立了专业散打队伍。目前，现代散打比赛已经正式登上了全国武术锦标赛、全国运动会、世界武术锦标赛、亚运会、亚洲武术锦标赛的舞台，散打比赛项目汇集了一批经验丰富的裁判、教练和运动员，并制定了一套完备的比赛规则。随着各种散打比赛的频繁举行和竞赛规则的不断更新，散打竞赛的研究也随之兴起，这些研究重点集中在竞赛规则、裁判员的水平等方向。从竞技理论的视角看，散打的竞赛体系已经得到了进一步的优化，这不仅为中国散打的发展提供了更加规范、系统和科学的方向，也为武术散打在国际上的发展打下了坚实的基础。

2. 散打竞赛的开展促进了散打理论体系的完善

随着散打竞赛的蒸蒸日上，大量的武术研究人员对散打理论的研究也如火如荼，研究获得的成果也颇具学术意义。尽管如此，散打理论研究领域的发展依然没有跟上技术的快速发展。为了保证散打运动能够快速且稳定的发展，我们需要为之提供更加全面的理论，这些理论应当能够从多方面助推散打运动的发展。

（1）技战术方面的研究

该领域的研究已经出现了一批富有内涵的学术成果，从多个层次深入探讨了散打运动的技术，并对其发展规律进行了总结和预测，内容涉及动作要领、实战应用等多个方面，聚焦于如何应用特定的战术手段，同时也包括了对某些战术策略的深度研究和拓展。

（2）基础理论方面的研究

该领域的研究成果涵盖了多个不同的研究方向，涉及散打运动的历史演变、文化研究、功能研究、未来发展方向和策略研究、散打与其他搏击运动在历史上的紧密联系研究、散打运动团队管理等。目前，我国在散打基础理论相关方面的研究正不断深化，衍生出的研究方向也在日益增加，如散打领域的道德、法律探讨等。这些都为基础理论的深化做出了突破性的贡献。

（3）训练理论与方法方面的研究

在散打的科学研究领域里，运动训练的相关理论与方法被认为是一个至关重要的研究方向，涵盖了散打运动相关的理论和准则研究、散打运动员需要进行的包括赛前训练在内的各种素质训练等。当前，在该领域相关的学者中，热门的研究方向有二：一是将获得的现有基础理论成果实践化，用于指导散打的实战过程；二是将实战中积累的散打经验转化为理论成果。这两种研究方向都促进了我国散打运动训练的科学化进程和竞技水平的进一步发展。

（4）教学研究方面

散打运动的健身功能随着散打运动的普及而逐渐受到人们的喜爱，因此，散打运动也走进了高校的体育课堂，其相关的教学研究项目也获得了重大的发展机会，这些研究涉及对散打选修课的实际情况分析、可行性分析，教学模式探索等，这些理论研究对于散打运动在高校的发展具有显著的推进作用。在我国，散打的理论研究已经初步打好了基础，这些散打训练理论和技巧总结，都为后续散打理论体系的完善做出了巨大的贡献。

（二）散打稳步向国际化的方向发展

1．散打运动成为世界正式比赛项目

1993年，马来西亚首都吉隆坡成功承办了第二届世界武术锦标赛，在这场世界级的盛会中，散打正式出现在世界观众的面前。1996年，菲律宾首都马尼拉成功承办了第四届亚洲武术锦标赛，散打被正式确认为比赛项目。1998年的第十三届亚运会，散打作为正式的项目登场。1999年，散打运动得到了广泛的推广，新的比赛规则明确要求，参赛者在保留护裆和拳套的同时，必须移除所有的护具，这极大地提升了散打比赛的观赏价值和竞技强度，为散打在公众视野的推广提供了条件。2002年，上海成功地承办了第一届世界杯武术散打赛事，这一重大事件对散打运动的未来发展起到了标志性的作用。随后，我国为了适应散打竞赛的发展潮流，于2004年颁布了《武术散打竞赛规则（试用）》。该规则相较于过去使用的规则有了以下进步：①我国的散打规则适应国际武术联合会规定的散打规则；②简化当前的得分制度与裁定流程；③规则的制定方向有助于散打技术的标准化发展；④规则的制定方向有助于散打技术中踢、打、摔三项技能的平衡。总体来看，散打运动员的人身安全与技术发展都在此次规则制定中获得了助推，裁判的工作难度也获得了调整。由此，散打比赛的规则变得更加标准且稳定。

2．散打进行市场化探索

2000年，由中国武术协会牵头并由北京国武体育交流有限责任公司负责组织的中国武术散打王争霸赛在北京正式启动，此次赛事象征着中国散打行业至今最具影响力的职业化变革。这场比赛的顺利进行，象征着散打开始走向更加职业化和市场化的道路，同时也推动了武术行业的市场化与职业化。

近年来，散打比赛活动变得日益频繁，各国的职业散打竞赛，如泰国职业泰拳等都呈现出健康的成长趋势，且逐步走上了正确的发展路径。自从1989年散打这项运动在中国开始正式登台以来，除了每年在国内举行的比赛，中国散打还与国外的一些其他搏击术进行了友好交流。1999年12月，中国功夫—美国职业拳击争霸赛在美国拉开了帷幕，这一事件象征着中国散打选手开始走出国门，在全球范围内展开商业化的交流竞赛。目前，中国的散打运动员每年都会参与类似的散打项目。通过回顾过去几年的国际交流比赛的成果，中国的散打运动员在认识到自己的强项的同时，也发现了自身所面临的挑战和弱点。举例来说，中国的运动员多在技战术、赛况分析和规则运用上颇具优势，他们能够根据实时的赛况缜密地对对手的情况进行准确的分析。但他们在技术上也存在着打法单调、抗击打能力与杀伤力差的弱势，中国散打运动员的技术型优势常常在面对对手凶猛的攻势时被压制，尤其是在与杀伤力大、速度快的泰拳竞技中。这些弱点要求中国散打训练向着更规范、更体系化的方向发展。

目前，中国散打运动已经经过了 30 多年的风风雨雨，逐步形成了富有中国特色的体系，且受到了国内外武术界的普遍认可，散打运动员数量也随之上升。由此来看，进入奥运会是散打运动发展的必然趋势；竞赛规则将进一步简化，逐步与国际接轨；散打将逐步职业化。

二、散打基本技术

（一）实战姿势

实战姿势是一种在正式格斗开始前准备的临战姿态，也被称为预备式或格斗式。它的功能体现在能够使运动员保持稳定状态，便于运动员做出快速且有力的反应，这一动作不仅适用于攻击，还可以作为一种防御策略，且其能够防护运动员的要害，保护运动员的身体弱点。

这一姿势可细化为左实战式与右实战式，下面以左实战式为例进行讲解。前后迈开双脚，使身前脚跟与身后的脚尖保持与肩膀同宽。左脚应确保脚掌与地面完全接触，右脚跟应轻微抬起，将身体重心放在右侧，使双膝呈微弯状态，含胸紧腹侧臂，左臂应向内弯曲大约 90°，右手臂稍微向内弯曲约 45°，左拳置于鼻前，右拳在颈前。手肘微微里合且放松，下巴向内，抬头紧盯对手脸部。

（二）步法

在散打的格斗技术里，步法是一种移动的身法。对于散打运动员来说，步法的灵活是稳定身形的必备素质，同时也是找准出拳机会、快速占据有利地点、进行日常防御的条件。想要改善自身的实战表现，步法的锻炼是不可缺少的训练项目。以左实战式为例的步法训练的具体内容如下。

进步。抬高左脚做迈步样，而后用右脚利落地向地面蹬去，且移动距离应当与左脚的迈出距离相等。

退步。用右脚后退，而后用左脚利落地向地面蹬去，且移动距离应当与右脚的后退距离相等。

侧跨步。使用左脚左跨步，而后用右脚掌内侧蹬地，跟进相等的距离。

盖步。右脚往左脚侧做上步动作，经由左脚外摆脚尖，同时交叉双腿，而后左脚做前上步，回归实战姿势。

换步。双脚同步蹬地且进行前后互换，同时将双拳也互换，变为右实战式。

单独步法练习。散打运动员需要在完成对步法的学习后进行复习，并在练习中逐渐掌握技巧。复习过程可以从单一练习开始，而后逐步开始接触连续的练习。在经过独立的实践并达到熟练的阶段后，可以将步法技巧综合起来，进行全面的训练。训练过程中会用到信号，教练可通过掌心朝向等任意规定信号，根据信号引导练习者的练习。配合信号的训练不仅可以锻炼运动员对步法的熟悉程度，还能增强他们的灵敏度。

攻防动作。融合步法和各种攻击与防御的动作进行训练，能够显著增强团队之间的协同和配合，从而更好地满足实际比赛的需求。

组队练习。由一名运动员发动进攻，另外一名运动员则努力运用步法脱困，在此期间寻找机会反攻。这种练习能够极大增强运动员对步法的实际应用。

（三）拳法

在散打这一运动中，有五种常见的拳法技巧，分别是直拳（冲拳）、摆拳（贯拳）、勾拳（抄拳）、劈拳和鞭拳。作为散打中用于进攻的技巧，拳法呈现出多样化和快速的特征，能在极短的距离和极快的速度范围内准确地击中对手。同时，运动员在使用拳法时，也可以辅以其他技术，若使用得当，便能够痛击对手。下面具体讲解几种拳法。

1. 直拳

左冲拳：左势站立，使用右脚轻轻做蹬地动作，扭动腰部将臂膀前移，向身前笔直送出左拳，同时感受到掌背有拉伸感，将右拳收回到正对眼前。

右冲拳：用右脚轻轻蹬向地面，接着脚尖发力向身内转动，同时扭腰将臂膀前移，上身向左转动。此时右胳膊伸直内转 90°，而后用力向前出拳。

实战范例：交替使用左右冲拳进攻对手。当对手采用侧弹腿回击时，向左侧出拳并外挂防御，而右边则选择用直拳来反击其头部。

2. 摆拳

左摆拳：左势站立，腰部右扭，微抬左臂，同时将小臂内勾，用力出拳。此时前臂与大臂的角度应当为 130°，右拳放松回到下巴前方。

右摆拳：用右脚轻轻蹬向地面，接着脚尖发力向身内转动，同时向左扭腰，向身体外前方用力出拳。在出拳的同时，身体开始向左侧旋转，腰部和胯部施加力量，使力量达到拳面或偏向拳眼侧。

实战范例：用右摆拳向对手头部出击，同时虚晃左拳。当对手用右腿对自己中盘发起进攻时，及时出动虚晃左拳外挂防守，紧接着用右摆拳反击对方头部。

3. 勾拳

左勾拳：左势站立，身体重心偏后，略微放低左拳，而后用左脚向地面蹬去，同时将上半身右转，在绷紧腹部肌肉的同时将左髋向前送，而后将下落的左拳自下而上用力发动勾拳，此时前臂和大臂尽可能互相垂直，右拳放松置于眼睛前部。

右勾拳：右勾拳的具体动作包括，用右脚向地面发力，保持膝盖紧闭，并将腰部轻微地向右扭动。同时，从下、从身前、从上用力发动勾拳，大小臂呈 90° ~ 110° ，拳心应朝向内侧。

实战范例：左右拳虚晃迷惑对手，而后趁机将上半身前倾并击打对手下巴，当对手用抱摔防御时，快速后退并发动左拳击打对方头部。

4. 转身右鞭拳

左势站立，左脚不动，向后侧 180° 扭动身体，同时使右脚左迈，过左脚插步，而后持续右后转身，同时借扭腰的力度将右臂向右侧发动横向鞭击，拳轮需有紧绷感，同时将左拳放松放于下巴前方。

实战范例：左直拳虚晃迷惑对手，紧接着趁对手不备对其头部发动右鞭拳，当对手用左弹腿对自己中盘发起攻击时，应使用左拳里挂进行防守，另外发动右鞭拳对其头部进行反击。

（四）腿法

腿法包含了非常丰富的内容，主要可以划分为屈伸性、直摆性和扫转性三个核心部分。在各种格斗技巧中，腿法展示了极高的灵活性和可变性，它具有广泛的攻击范围和强大的攻击性，同时呈现出不易被察觉和突出性攻击部位的特征。在散打中采用腿法时，必须保证攻击速度快、力量强大，并且能够精确地击中目标。

1. 鞭腿

左鞭腿：左势站立，上身轻微地向右倾斜，重心向后偏移，脚背挺直。同时，自然弯曲左腿且外展髋部，腿部发力向右前做横弹动作，脚背应当有紧绷感；眼睛应看左脚。

右鞭腿：左向扭腰 90° ，将身体的重心放在左腿。同时，将右腿弯曲前摆，脚背挺直。膝部发力做腿鞭，脚背和小腿肚应有紧绷感，右腿弯曲落地成反架姿势。

实战范例：发动左侧鞭腿假装攻击对手下盘，接着用右鞭腿击其胸背。

2. 蹬腿

左蹬腿：左势站立，弯曲左腿并抬高，重心后倾，在向身前挺肩的同时上挑左脚，而后从脚跟开始向前蹬出，脚跟应有紧绷感。

右蹬腿：微微弯曲左腿撑地，略微向左转腰；将右腿弯曲并向前抬起，脚步发力前击，同时髋部轻微前推，脚掌有紧绷感。

实战范例：对对手上半身采用左蹬腿技术，若对方用侧弹腿反击，则借右蹬腿对其胸背发动突袭。

3. 侧踹腿

左侧踹腿：左势站立，上半身略微右转，重心移向身后，弯曲左膝并抬起脚尖，紧接着外展髋部，沿出击方向将腿伸直，用脚掌踹出，脚跟应当有紧绷感。

右侧踹腿：左转扭腰 180°，将重心放在略弯的左腿，脚尖朝外；将右腿弯曲并向前抬起，沿出击方向将腿伸直，用脚掌踹出，身体微微前倾，脚底应有紧绷感。

实战范例：虚晃左踢腿迷惑对手，然后迅速对对手的上半身采用右踢腿，而后对其下半身做左弹腿的假动作，对手中计后转身对其上半身的腋下采用踹腿。

4. 摆腿

左摆腿：右脚做上步，向身体左前迈出一步，腿部轻微地弯曲以单独支撑身体，然后身体前倾，自左后做 360° 转身，同时冲前摆起左腿，挺直脚面，脚掌应有紧绷感，眼睛注视左脚。

右摆腿：用左腿支撑身体的重力，并以身体前倾的姿势向右做 360° 转体，同时将右脚脱离地面，挺直脚面，脚掌应有紧绷感，眼睛注视右脚。

5. 扫腿

前扫腿：以左前扫腿做示范，散打运动员右势站立，右脚支撑身体的同时上半身 360° 转体并左腿发力，以挺直的状态向前横扫，脚背应当有紧绷感。

实战范例：若对手用左侧弹腿发起反击，应迅速进行拍挡防御，接着向右后方使用扫腿，对对手的下盘发动攻击。

后扫腿：身体向前倾斜，左腿弯曲呈蹲地姿势，前脚掌稳定不动，身体右侧发力后转身，并向左后方采取扫腿技术，脚跟应当有紧绷感。

实战范例：当对手使用左弹腿对上盘发起攻击时，应迅速进行拍挡防御，接着迅速对对手的支撑点脚跟用后扫腿攻击。

6. 勾腿

左勾腿：弯曲右腿，膝盖略微向外，上半身轻微向右旋转，同时腹部和胯部绷劲，左大腿发力，挺直膝盖，将左腿直直地向右前方发动勾腿，脚弓应有紧绷感。

右勾腿：由左腿支撑身体重量，左脚朝外，弯曲左膝，做左转体 180°，同时腹部和胯部绷劲；右大腿发力，挺直膝盖，内勾右脚，将右腿直直地向对手脚跟处发动勾腿，脚弓应有紧绷感。

7. 劈腿

左劈腿：用右腿支撑身体，弯曲并抬高左腿，髋部前送，上半身保持直立或稍微后倾，接着用左脚高高举过头部并迅速向下施加压力，最后用脚猛击对方的头面。

右劈腿：用左腿支撑身体，弯曲并抬高右腿，髋部前送，上半身保持直立或稍微后倾，接着用右脚高高举过头部并迅速向下施加压力，最后用脚猛击对方的头面。击打目标后，右脚自然下落成反架姿势，再还原成预备式。

（五）摔法

摔法是一种在激烈的竞技格斗场景中，利用巧妙的技巧使对方跌倒的方法。运用该技巧时，应当干脆利落。

1. 贴身摔

抱双腿前顶摔：采取抱腿技术后被对方反制时，应当在用左肩顶靠对方的髋部和腹部的同时，用双手快速回拉，摔倒对手。

抱双腿过胸摔：快速向左上步，弯腰屈腿，用双手从外侧紧紧抱住对手腿部的根部，接着左前推对手的髋部和腹部，然后向前上右走，通过蹬腿和转腰的动作抬起头，往后摔倒对手。

接拳过背摔：先紧抓对方的左拳，接着将背部朝向对方，双腿弯曲，用右髋靠住对手的身前，然后低头弯腰下蹲，背起对手并将其后摔。

2. 接腿摔

抱单腿拉腿摔：紧紧抱住对方的单腿，受到对手下压反击时，要迅速地用左肩下顶其腿根，同时回拉，这样就可以将对方摔出。

接腿勾腿摔：当对方用左侧踹腿攻击时，双手抓握对方左脚，右脚对其支撑的脚发动勾腿，摔倒对方。

接腿上托摔：在对手用左腿对自己发动踹腿时，应当用双手紧抓其左脚，并将对手的左脚上举从而摔倒对手。

三、练习方法

（一）防守法

防守是一种策略，旨在压制并降低对手的进攻力度，同时确保自身的安全并维持反击的姿态。采用精准且灵活的防守策略，不仅有助于防止自身被对手打倒，还能为进攻创造机会。

拍挡防守：以左手的拍挡动作为示范，掌心左打内靠，在略微右倾的同时发动向内的横拍。

挂挡防守：弯曲胳膊的同时用头或者同侧的肩膀防守。

里抄防守：轻微弯曲胳膊贴紧腹部并外展，上翻手掌的同时曲肘左右打，将手掌上翻在胸前防守。

外抄防守：外旋弯肘，小臂紧挨肋骨。

提膝防守：用右半身支撑身体，弯腿并抬高身前腿，在上半身姿势不变的同时，将身体重心落在后腿。

截击防守：是一种不持续接触的防守，采用时需用打截腿抵挡对手的攻击。

后闪防守：上半身微微后倾躲闪。

侧闪防守：上半身向身旁躲闪，或者向两侧发动步法躲闪。

下潜防守：弯腿重心下压，护头躲闪。

上跳防守：跳起向上躲闪。

（二）组合连击

组合连击是指通过执行多于两个的技巧，连续发动攻击。击法可以根据技法的组合细分为六种，包括拳法连击、腿法连击、拳腿连击等。在组合连击中，散打运动员可以选择多次发动同一技巧，也可以组合多个技巧攻击。

考虑到技术动作的多元性和连击方式的多样性，我们在进行组合动作时，不能盲目采取行动，应当结合动作转换的恰当性和实际情况来选择攻击力最强的连击方式。运用组合连击时，应当适当地迷惑对手，在对手的防守出现漏洞时从各个方向发动突袭，同时还应确保各个动作连贯。通常，第一级技术的末尾应当支持第二级技术最合适的发力方式。

（三）技术训练

在散打的整个训练过程中，技术训练始终是中心环节，其成果会对练习者的成绩产生直接的影响。技术训练的成果离不开优秀的身体素质，同时，在技术训练的过程中，身体素质也会得到提高，可见身体素质与技术训练是相辅相成的。散打的核心训练内容包括了击、打、摔、攻及防的各种动作和技巧，旨在训练练习者对这些技巧的熟悉度，并能够做到实战应用。

原地练习：其关键在于在练习中熟悉体式和动作顺序以找到体感。在练习过程中，要确保呼吸和运动的节奏能够和谐统一，从而让身体的各个部分都得到充分的锻炼。该项练习应从易到难地熟练、高质量地掌握正确的动作技术。

结合步法练习：原地练习为结合步法练习打好了动作基础。在该项目中，需要根据实战需求进行相应的步法练习，以增加攻击范围和防守的灵活性，使其能够在实战攻防对抗的情况下，充分发挥练习成果。

假设性练习：在该项练习中，练习者应当设想对手可能的动作，并为之做针对性的练习。该项练习可通过想象使练习者获得身临其境的实战感，由此培养自身的灵敏度和相应的身体素质，帮助其精通各种实战策略。

打固定靶练习：在该项练习的过程中需要用到辅助性器材，如手脚靶、沙包等，练习者可凭借这种练习优化自身的技术动作、提高速度和攻击性。该项练习要求运动员应当在确保准确性和速度的前提下，进行固定靶击打。

打活动靶练习：这是一种由教练或团队成员协同，使练习者不断调整出击角度、位置和方向的训练方法，它要求练习者反应灵敏，并运用各种技巧进行打击。该项练习能够提高练习者的动作质量水平，同时也能提高他们的出击和反应速度、准确度和应对突发情况的能力。练习者在进行该项练习后逐渐能够对动作建立条件反射。

递招练习：该项练习需要有他人的协同，陪练者应当结合实际情况，在增强练习者素质目标的指引下，亲身或者借用器材为练习者做喂引动作。这种喂引方式因其高度的针对性，对于协助练习者快速且高效地掌握各类技术动作起到了极为积极的作用。受训者能通过该项练习强化自身的实战技巧和心理素质，使身体提高敏捷性和习得攻守技术。同时，合理喂引能够使练习者建立对相应动作的自动化身体反射。因为上述益处，在教学中相关教师常常应用此类技巧。陪练者需要密切关注喂引动作的执行效果，确保它有清晰的目标导向，并结合练习者的弱点来选择最合适的攻守方式；练习者在保证动作合格的前提下，还需要进行深入的体验和多次的仔细推敲。

隔空练习：该项练习同样需要他人协助，但双方应当避免接触，仅对对方的动作做出即时的反应。该项练习重点培养练习者反应的灵敏度，能够加强其实战认知，提高其攻击和防御技巧，减少其对实战的恐惧，并进一步激发其学习热情。

加难练习：在先前训练的前提下增加质量、强度和心理压力等多个方面的难度。

在训练过程中可以适度增加强度，提高练习者动作执行的质量。

在训练过程中可安排体重大的对手对练，提高练习者摔法的技术。

在训练过程中可安排技术精湛的对手对练，提高练习者的心理韧性和攻守技术水平。

在训练过程中可安排多个对手轮流对练，提高练习者的耐性。

作用：可使练习者更加有效地提高技战术水平，建立巩固的条件反射，加大对神经系统的冲击强度，提高专项素质，培养顽强的意志品质和作风。

要求：增加难度时必须根据练习者的实际能力和水平，循序渐进，不能盲目冒进。否则，效果会适得其反，甚至会造成教学事故或伤害。

打沙包：在散打的训练过程中，打沙包被认为是一种至关重要的训练方式。这种方法不仅可以提高练习者的攻击性和出击速度，也能增强练习者对实战情况的感知和判断能力。

前腿侧踹或鞭腿接双手拳法组合练习：该项练习能够培养练习者的跟进意识，并且能够培养其四肢协调能力。在练习中应当轮流使用中包和重包，训练的强度设定为多于 6 组，每组练习半分钟到 1 分钟，休息时间小于 1 分钟。

迎击练习：练习使用中包。练习者应当在沙包前摆未过垂直线的情况下，快速攻击。该项练习能够提高练习者在应对各种挑战时的警觉性和抓住时机的能力。

反击练习：用前摆沙包模拟对手进攻，练习者应当快速闪避，同时在沙包开始回落时，跟进并反击。该项练习能够提高练习者对距离、反击机会的掌控能力和判断力。

击打能力专项练习：练习者应模拟实战，结合自身情况在遵守设定目标的前提下，进行组合击打。练习强度应在数量上超过 6 组，每组练习 15 秒，且间隔的休息时间少于 50 秒，有效攻击次数不少于 10 次。训练者需要注意不能完全在休息时间内一动不动，应当不时通过距离调整移动身体。

攻防练习：该项练习要求一方使用拳法或腿法，而另一方则需要使用接腿摔等技巧。

有条件的攻防练习：能够有的放矢地对练习者进行训练，增强其专项能力。它以“以不变应万变”的思想为指导，通过改变对手的重量级、技术水平来强化练习者的实战技术和身体素质，培养练习者在逆境中的技术发挥能力和勇敢对抗的精神，并为他们提供获取实战经验的有力途径。

第二节　推手教学

一、推手概述

推手别名“打手”“太极推手”等，其与太极拳的套路相辅相成。推手是太极拳模拟实战技击的一种独特的形式和方法。太极拳的训练分为三个部分：拳架为体，散打为用，而推手介于其间。拳架为知己功夫，推手为知人功夫，散打为合而为一的实战功夫。推手又常被人们称作太极推手、打手、揉手或搗手，它与太极拳的套路共同构成了一种身体和功能的互补关系，这两种技能可以相互补充，共同发挥效用。

现代推手和散打同属竞技体育，已经开始与传统的推手和散打方式逐渐区分开来。作为不同的竞技形式，推手和散打在比赛规则的限制下，根据它们各自的发展方向和固有规则，都在不同程度地发生变革。推手的关键技能包括掤、捋、挤、按、采、挒、肘、靠 8 个技巧。在进行推手动作时，两个人的手臂会相互重叠，并按照特定的程序进行推挽动作，这样的往复动作通常被称作打轮。双方会在打轮时干扰彼此，使对手难以维持身体平衡。双方在推手时需注意手臂的接触，禁止用腿和其他击打技术，只能在有接触的前提下使对方失衡。作为一种对抗运动，推手讲究刚柔并济、互相牵制，其形式多样，如单推手、双推手、定步推手等。推手和太极拳在套路上有一定的相似性，它们均要求在对抗中不发生激烈的身体冲突，刚柔并济、以柔克刚。太极推手各派形式诸多，如推平圆、推立圆、单推手、双推手、定步推手、活步推手、四正四隅推手、一进一退推手、三进两退推手、两进三退推手、大推手、乱踩花推手、散推手等。它的目的有二，一是便于学者进门入道，二是显示传统内容之多。有一利必有一弊，这在无形中导致了为推手而推手，在推手中练推手，从而导致了在现代推手竞技运动中，大部分运动员不练拳架专练“推手”，舍本求末。一般人在推手中练平圆、练立圆、练腰胯劲等，与拳架脱节，因而难以产生高手。真正的推手功夫是在拳架中练出来的，推手只是对意与形的检验，即能否将拳架中练出来的技击能力充分发挥出来。推手的核心理念是，在不需要任何保护装备的前提下，通过推手间的对抗动作，展示一种高效的实战格斗方式。关于推手的研究和训练都为实际应用服务，推手运动能够增强使用者的实战格斗技巧。

二、双人推手练习

（一）平圆单推手

预备姿势：甲与乙两人站在相对的位置，他们之间的距离是基于两臂在握拳之前的平举和拳面的触碰来确定的，身体自然放松；目视对方。

双方均微微做左转身，接着将其右腿各向前跨出一步，确保两只脚的内侧是相对的，脚尖指向身前，双方右脚间距超过 10 厘米，不超过 20 厘米；而后双方在微微曲臂的情况下交叉轻贴右手（通称“搭手”），掌心朝里，左手叉腰保持身体平衡；双眼均注视对方，且弯曲后腿半蹲。

要点：确保手腕和肩膀处于同一水平线上，且彼此胳膊均应当适当发力，腋下区域需要保持开阔，手臂保持接触，既不能虚搭，也不能用大力冲撞对方，脚后跟着地要稳。

甲身体重心略向前移，右腿前弓，以右掌向前平推，按向乙的右胸部。

要点：甲在按向乙的胸部时，手要平，指尖指向乙的喉咙处。

乙承接甲的按劲，重心稍后移；左腿轻微弯曲，上半身向右转动，然后用右掌向右牵制甲的右手，使其无支点而不能维持。而后乙迅速抓住有利时机，用右手掌对甲的右胸腔施加向前的推力。

甲同样利用右手承受来自乙的按劲，并将身体微微后仰；左腿轻微地弯曲，向右转上半身，接着将右手的掌心向右，牵制乙的右手，使其失去力量。在这样你来我往之下，推手的轨迹呈现出平滑的圆形。平圆单推手可左足在前换左手练习，方法相同。

要点：一方用劲推按对方时，对方则用“化”劲化开，“化”时应注意沉肩坠肘，身体后坐，松腰坐跨，以腰带手，协调一致。双方手臂要保持掤劲，但也不可互顶，进退相随，动作切忌僵硬，双方手臂粘连不脱，不丢不顶在体前“化”平圆。

（二）立圆单推手

预备姿势同平圆双推手。

甲身体微微前倾，微曲右腿，使用右手掌前段向对手脸部推移；乙右手发力抵挡甲的用劲，同时微向后移动重心，左腿弯曲并向右转身，往头部右前牵制对手的手掌使其失去力量。

乙则借力用右手掌下压对手的右手腕，而后前倾身体，弯曲右腿，发动右手掌前端对对手腹部的推移；甲右手发力抵挡乙的用劲，借力回撤右手臂，弯曲左腿微微后仰，在右转身的同时牵制对手的右手至自身右胯，使其失去力量。

甲则再次用右手向对方脸部伸去，抬高到与头部右侧平齐；乙仍如前顺势将甲右手引向头部右前侧，使其落空。如此循环练习，双方推手路线成立圆形。立圆单推手也可出左足在前，搭左手练习。

要点：两人搭手推成立圆，要注意沉肩坠肘，切忌耸肩提肘。搭手时，手要向下按，要感觉和对方黏住。

（三）折叠单推手

预备姿势同平圆双推手。

甲微微前倾身体，弯曲右腿，将右手掌旋转向对手的脸部伸去；乙右手发力抵挡甲的用劲，借力微微后倾弯曲左腿，在右转身的同时将甲伸来的手掌向头部右前牵制；乙继续向右转体，坐胯，右臂外旋，掌心向上，掌背压于甲右手腕上，向下绕弧引带将甲右手压沉至右胯旁。

乙顺势将右手内旋循弧线上提向甲面部伸插，重心随之前移，右腿屈膝前弓；甲右手黏随乙右手来势，重心后移，左腿屈膝，身体右转，将乙右手引向头部右侧；甲继续转腰做胯，右臂外旋使掌心向上，掌背压于乙右手腕上，向下绕弧引带将乙右手压沉至右胯旁。

甲顺势将右手内旋循弧线上提向乙面部伸插；乙以右手用掤劲承接甲的来劲，重心后移，转腰做胯，将甲右手引向头部右侧。由此循环练习。此练习也可左足在前，搭左手进行。

要点：走化对方来势时，要注意转腰做胯，沉肩坠肘，以身带臂，化解对方劲路。双方的手要黏在一起，不要滑脱。注意功力的练习。

以上就是单推手的练习方法，注意在双方推手时，甲右手内旋，掌心按在乙右手腕上，向下、向前推按，传统的武术只是注重用手向下按，而实战太极推手强调用手腕或尺骨的前端向下按住对方，尽量把手腾出来，同时指尖指向对方喉咙，从而给对手更大的心理压力，达到控制对手的目的。

（四）平圆双推手

预备姿势：甲与乙两人站在相对的位置，他们之间的距离是基于两臂在握拳之前的平举和拳面的触碰来确定的，身体自然放松；目视对方。双方均上步，将其右脚各向前跨出一步，确保两只脚的内侧是相对的，脚尖指向身前，双方右脚间距超过 10 厘米，不超过 20 厘米，且左腿均微微弯曲，用左腿支撑身体；而后双方在微微曲臂的情况下交叉轻贴右手，掌心朝里，手腕轻靠，自身左手抚上对手的右臂弯处。

甲将右手掌内旋，手掌内部向前下方压住乙的右手手腕处，同时，用左手按住乙的右臂弯向前下推移，使得乙的右胳膊紧挨其胸口，通常情况下，这种技法被叫作“按”。乙右臂发力抵挡甲的用劲，微微后仰身体，微弯左腿，右转身并用左手扶住其右臂弯向后方牵引，而后在左臂的辅助下，动用右胳膊将甲的按劲向右牵引化解，通常情况下，这种技法被叫作“化”。

要点：肘部是人身体中颇具攻击性的部位，因此在进行技法应用时，应当树立好实战意识，避免自身手部脱离对手的肘部。

乙迅速地转动右掌，并将其紧贴在甲的右手腕上，双手同时向下和向前进行推按，这一动作应当与甲的按势一致；甲右臂发力抵挡乙的用劲，微微后仰身体，右转身并用右手将乙的力道向右方牵引，使其力量被化解。按照上述步骤进行循环练习。

要点：先将重心向前移动并采取前弓步的方式迈步，接着向后调整重心以实现后坐，以确保正确的前进和后退控制。同时，还要注意保持身体平衡，双方手部保持接触，刚柔并济，借力打力，你来我往。

（五）立圆双推手

预备姿势：甲与乙两人站在相对的位置，他们之间的距离是基于两臂在握拳之前的平举和拳面的触碰来确定的，身体自然放松；目视对方。确保双方脚步的内侧是相对的，脚尖指向身前，间距超过 10 厘米，不超过 20 厘米，且左腿均微微弯曲，用左腿支撑身体；而后双方在微微曲臂的情况下交叉轻贴右手，掌心朝里，手腕轻靠，自身左手抚上对手的右臂弯处。

甲将右手内旋并向乙脸部伸去，手抚上对手的右臂弯处，弯曲右腿并将身体略微前倾；乙右臂发力抵挡甲的用劲，微微后仰身体弯曲左腿，并向右转身，左手抚上对手的右臂弯处，将甲的右手力道向头部右侧牵引化解。

乙则找准机会用右手掌绕弧压下对手的右手腕，同时下按左手，将甲的右臂弯处牵引至其腹部前方。接着微微前倾身体，弯曲右腿，用右手掌前端向甲的腹部伸去，左手掌挨住甲的右臂弯处；甲右臂发力抵挡乙的用劲，找准机会将右臂回引，而后将左手掌挨住乙的右臂弯处，微微后仰身体弯曲左腿，并向右转身，将乙的右手力道向身体右胯牵引化解，使其失去力量。

甲则再次用右手向对方脸部伸去，抬高到与头部右侧平齐，微微前倾身体，左手扶住乙的右臂弯，弯曲右腿；乙则再次按照先前操作，借力将甲的右手力道向头部右侧牵引化解，使其失去力量。

如此循环反复练习。双手立圆推手可左右脚及左右手互换练习。

要点：先将重心向前移动并采取前弓步的方式迈步，接着向后调整重心以实现后坐，以确保正确的前进和后退控制。肩膀和手肘部位应当下压，甲乙双手保持接触，刚柔并济，借力打力，你来我往。身体放松，用皮肤去感觉对方的劲力。

第三节　短兵教学

一、概述

短兵是武术中使用刀、剑和短棍进行进攻和防御的一种技巧。作为一种对抗运动，短兵的实战需要遵守相应的规定。短兵练习可以培养练习者勇敢顽强的意志，提高对抗性技能，促进身体素质的全面发展。

在中国的民族传统体育活动中，武术短兵被认为是一种特点鲜明的新兴竞技项目。1927 年，“中央国术馆”正式建立，并在课程中引入了武术短兵。此后在 1928 年和 1933 年的两场国术国考中，都设置了武术短兵作为比赛项目。

1949 年，武术事业受到了国家体育委员会的大力支持。1953 年，在天津举行的“全国民族形式体育表演比赛大会”将武术短兵正式认定为比赛项目。那时候，尽管并未被正式列为竞技比赛项目，短兵这一课程仍被纳入了体育学院的教学大纲中。1979 年，在全国范围内开展了如火如荼的武术挖掘整理工作，对抗性运动项目再度受到国家重视，国家对散打、短兵、太极推手三个对抗性项目进行了专门的整理研究，并在北京体育学院、武汉体育学院和浙江省体育运动委员会进行实验。继之，于 1997 年在第四届全国运动会武术赛区进行了散打和短兵的公开表演。1981 年在沈阳又举办了内部交流比赛。2001 年 8 月，“武术短兵竞赛规则”讨论会议在山东青岛成功举办，参与会议的学者和武术专家对比赛规则中的各项内容进行了详尽的研讨，并为武术短兵的未来指出了战略方向。2020 年 10 月 12 日至 31 日，为了更广泛地宣传武术短兵项目，国家武术短兵队组织了第一期集训，还为武术短兵教练提供了培训课程。这是全国首次以学校为主体举办大型武术短兵专项训练班。这次集训活动吸引了来自北京、河北、湖北等地的体育学院及其他19个省市和教育机构的杰出教练和运动员加入。相关的一系列培训活动对于武术短兵的普及和推广，以及武术短兵竞赛的规则、裁判方式和训练模式的完善，都起到了积极的推动作用。

二、基本动作与技法

（一）短兵结构

短兵身：短兵尖至护手盘部位。

短兵尖：短兵身梢端。

短兵护手盘：置于短兵身和柄之间的硬牛皮盘。

短兵柄：手握的部位。

（二）持短兵礼与握短兵方法

持短兵礼：双腿合并站好，弯曲胳膊并抬高拿短兵的左胳膊，使短兵的主体贴好小臂外侧，并斜斜地放置于胸口前方。左右手交叉，在右手掌伸直的同时将手掌外边紧挨左手食指根部，双手与胸口的水平距离保持20～30厘米，抬至与胸口平齐。

握短兵方法：虎口贴紧短兵护手盘，拇指与其余四指相对握拢短兵柄。

（三）实战姿势

用左手的拇指和食指紧密地贴在护手盘上，牢牢地抓住短兵，剩下的手指放松虚握，短兵倾斜地放置在身左。

右手虎口朝护手盘握短兵柄向前提起，右脚向前迈出一步成为半马步，身体重心落于两脚之间，右脚尖朝右前方（与右臂伸出方向一致）；左脚尖朝左前方，挺直上半身。微弯右胳膊，手掌内侧朝左，短兵最前端与眼睛水平平齐；左手掌往左后方伸好。此势为正架，如左脚在前则为反架，本书以正架为例。右臂略有弯曲，手掌指向左方，短兵尖的高度与眼睛持平；左手掌心向左后方延展。

（四）基本步法

上步：右脚向前进一步，左脚随即向前跟进一步。

退步：左脚向后退一步，右脚随即向后移一步。

闪步：右脚向右横跨一步，同时左脚也向右侧移动一步。

前跳步：左脚跨右脚往前跳跃一次，而后右脚也重复上述动作，且保持移动距离与先前相同。

（五）基本技法

1．进攻动作

刺：右臂伸直，手心向左，虎口朝前，使短兵直向前刺出，力达短兵尖。

劈：右臂伸直，手心向左，使短兵身由上向下劈出，力达短兵前端。

砍：右臂外旋向内摆，手心向上，使短兵身由右向左砍出，力达短兵前端。

斩：右臂内旋向外摆，手心向下，使短兵身向右横击，力达短兵前端。

点：右手提腕，使短兵尖由上向下点击，力达短兵尖。

崩：右手沉腕，使短兵由下向上崩击，力达短兵尖。

2．防守动作

上架：右臂内旋向右上方举起，手心向前，使短兵身横架于头上方，短兵尖稍高于柄，手臂微屈。

里格：右前臂外旋并向里摆，使短兵向左、向里格挡，短兵尖斜朝上，力达短兵后端。

外格：右前臂内旋并向外摆，使短兵向右、向外格挡，短兵尖斜朝上，力达短兵后端。

里挂：右臂内旋并微屈，手心向右，使短兵向左侧下挂，短兵尖斜向下，力达短兵前端。

外截：右臂微内旋向下、向外摆，手臂微屈，手心向后，使短兵向右侧截，短兵身斜置于身体右下方，短兵尖斜朝下，力达短兵前段。

提膝：右腿屈膝上提躲闪。

三、基本技法的应用

（一）刺法

（1）正面上刺头：甲向前上步，同时右臂前伸，使短兵刺向乙的面、胸等部位。

（2）右闪上刺头：甲向右侧闪步，同时右臂前伸，使短兵刺向乙的面、肩等部位。

（3）左闪上刺肩：甲向左前上频，上体向左闪，同时右臂伸直，使短兵绕至左侧，刺向乙的肩、头等部位。

（4）正面下刺腿：甲向前上步，同时右臂向前伸直，使短兵刺向乙的腿、膝等部位。

（二）劈法

（1）正面劈头：甲向前上步，同时右臂前伸，使短兵劈向乙的头、肩等部位。

（2）右闪劈臂：甲向右前上步，上体稍向右闪，同时右臂微向左摆，使短兵劈向乙的肩、腕或头等部位。

（3）左闪劈头：甲向左前方跨步，身体左闪，同时右臂微向右摆，使短兵劈向乙的头、肩等部位。

（三）砍法

（1）右闪上砍头：甲向前上步，身体右闪，同时右臂向左摆，使短兵砍向乙的头、肩等部位。

（2）左闪砍腹：甲左脚向左前方上步，同时右臂外旋，向前、向左摆，使短兵砍向乙的腹部。

（3）左闪下砍腿：甲左脚向左前方上步，同进右臂外旋，向下、向左摆，使短兵砍向乙的腿、膝等部位。

（四）斩法

左闪斩头：甲向左前上步，身体稍左闪，同时右臂内旋，由左向右摆，使短兵斩向乙方的头、肩等部位。

左闪下斩腿：甲向左前上步，身体稍左，同时右臂内旋向下、向右摆，使短兵斩向乙的腿部。

左闪斩臂、肋：甲向左前上步，身体稍向左闪，同时右臂内旋，向前、向前右摆，使短兵斩向乙的臂、肋等部位。

（五）崩法

崩下颌：甲向前上步，右臂向前，使短兵伸向乙的胸前，继而右手沉腕，使短兵尖崩其下颌部位。

右闪崩臂：甲向前上步，并向右闪身，右臂向下，使短兵伸至乙右臂下方，继而右手沉腕，使短兵前端崩其臂、腕部位。

（六）点法

点头：甲向前上步，右膝提起，右臂稍前伸并向上提，虎口下压，使短兵向下点击乙的头部，力达短兵尖。

点腕：甲向左侧方闪步，同时右臂稍前伸并向上提腕，虎口下压，以短兵尖由上向下点击乙的右腕。

点脚：右腿前弓，上体前倾，以短兵尖点击乙的右脚面。

参考文献

[1] 司红玉，韩爱芳．武术 [M]. 重庆：重庆大学出版社，2017.

[2] 蒋剑民，黄一棉．武术 [M]. 合肥：黄山书社，2016.

[3] 李远伟．武术 [M]. 西安：西安交通大学出版社，2014.

[4] 蔡仲林，周之华．武术 [M].2 版．北京：高等教育出版社，2009.

[5] 司红玉，韩爱芳．武术 [M]. 重庆：重庆大学出版社，2017.

[6] 田勇．武术 [M]. 广州：华南理工大学出版社，2009.

[7] 上海师范大学体育系《武术》编写组．武术 [M]. 上海：上海教育出版社，1978.

[8] 体育院校成人教育协作组《武术》教材编写组．武术 [M]. 北京：人民体育出版社，1997.

[9] 体育运动学校《武术》教材编写组．武术 [M].2 版．北京：人民体育出版社，1998.

[10] 杨波，李光辉．武术运动对大学生身心健康的影响研究 [J]. 武术研究，2023，8（12）：76–77.

[11] 滕希望．中国武术发展的历史梳理与未来展望 [J]. 武术研究，2023，8（12）：10–13.

[12] 郭祥轩，武冬，邝璐璐．中国式现代化背景下高校武术人才高质量培养模式一体化构建 [J]. 商丘师范学院学报，2023,39（12）：73–78.

[13] 邹佳宇．新时代武术文化创新发展的思考 [J]. 体育世界（学术版）,2023（11）：30–32.

[14] 吴昊．基于刚健自强精神的高校武术教学实践研究 [J]. 武术研究，2023，8（11）：72–75.

[15] 刘晓惠．新时代中国武术散打赛事发展困境与应对策略 [J]. 武术研究，2023,8（11）：36–38.

[16] 刘奇，李臣．普通高校武术与民族传统体育专业单招考试：成就、困境与对策[J]. 武术研究，2023，8（11）：81−85.
[17] 田杰，周嵩山．新时代学校武术教学的问题、路径与策略[J]. 武术研究，2023,8（11）：55−59.
[18] 刘玲娜，陈会鹏．立德树人视阈下武术教育在高校的传承现状与发展对策研究[J]. 武术研究，2023,8（11）：17−19.
[19] 杨欢，吴虎祥，郭歌．突破与创新：学校武术教育的历史回溯与展望[J]. 武术研究，2023，8（11）：89−92.
[20] 鲍黎明．体育院校武术与民族传统体育专业人才培养模式优化研究[D]. 武汉：武汉体育学院，2023.
[21] 贺晓敏．普通高校体育教育专业武术课程思政线上教学内容构建[D]. 黄石：湖北师范大学，2023.
[22] 胡勃．武术散打智能护具使用意愿的影响因素研究：基于 TAM 技术接受模型[D]. 武汉：武汉体育学院，2023.
[23] 杨婷．贵州省民办本科高校校园武术文化的现状与对策研究[D]. 贵阳：贵州师范大学，2023.
[24] 谢海柱．观念史视角下近代武术发展研究[D]. 扬州：扬州大学，2023.
[25] 欧阳武翀．新时代峨眉武术传承与发展策略研究[D]. 成都：成都体育学院，2021.
[26] 白天昊．“新文科”建设背景下高校武术教育发展的策略研究[D]. 长春：吉林体育学院，2022.
[27] 李超．新媒体背景下峨眉武术传播路径分析及效果研究[D]. 成都：成都体育学院，2022.
[28] 王杰．山西武术非物质文化遗产数字化保护研究[D]. 南京：南京体育学院，2021.
[29] 刘之清．武术套路竞赛规则的演变与优化策略研究[D]. 成都：成都体育学院，2021.